Wohin?
Warum?
Wie war's?

Marmolata
und
Fassatal

Ute Fischer
Bernhard Siegmund

Ein Buch aus dem

Redaktionsbüro Fischer + Siegmund
In den Rödern 13
64354 Reinheim

Fotos: Fischer (10), Siegmund (14), Bergwacht (1), Hotel Col di Lana (2)

Das Buch wurde nach bestem Wissen zusammengestellt. Für die Richtigkeit der beschriebenen Angaben wird keine Gewähr übernommen

ISBN: 978-3-7481-7279-6

© 2020 Ute Fischer + Bernhard Siegmund
Erweiterte 6. Auflage
Herstellung und Verlag: BoD- Books on Demand, Norderstedt

Wohin – warum – wie war`s?
Unsere Reise in die Dolomiten

Vorwort

Dies ist kein übliches Reise-Buch. Zwar waren wir als Reisejournalisten Jahrzehnte lang unterwegs, geübt in Reiserecherche und Reisereportagen. Doch diese Geschichte ist eine private, nicht unbedingt objektiv, sondern eher sehr subjektiv, wie man eben private Reisen empfindet. Das spiegelt sich wider in den Flops und Tops, die wir erlebten. Kurz: Wir haben uns als Reisende selbst aufs Maul geschaut, uns selbst zugehört und unsere Gefühle reflektiert, ohne Rücksicht auf irgendjemanden und irgendetwas, außer auf uns selbst.

Marmolata ist bereits das achte Buch dieser Reihe. Wenn wir von Reisen heimkehren, suchen wir immer nach einer erschöpfenden Antwort auf die Frage: „Wie war`s?" Wer selbst reist, weiß, dass es darauf keine einfache, vor allem kurze Antwort geben kann. Klar. Schön war`s. Und aufregend. Und ganz anders, als erwartet. Das alleine wäre aber ein ärmliches Fazit und könnte nicht einmal ansatzweise beschreiben, wie unsere Dolomiten-Reise verlief. Fahren Sie doch einfach mal selbst hin!

Marmolata

Von der 18jährigen, die nach 52 Jahren nicht im Fedaia-Stausee auftaute

Der Himmel war nur ein wenige Zentimeter breiter Streifen. Wie ein dünnes blaues Band lag er über mir, sehr weit hoch oben. Wie ein Strich, der mein Schicksal besiegeln sollte. Wie ein Schlussstrich am Beginn meines jungen Lebens. Weißer Schnee war mein Bett. Rechts und links erhoben sich eisgraue Wände. Schillernd und glitzernd wie aus gesplitterten Glas. Sie schienen sich nach oben zur Mitte zu beugen, als wollten sie sich über mir schließen wie das gotische Dach einer Kathedrale.

Ich lag in einer Gletscherspalte. Schlagartig erinnerte ich mich an die Story in Readers Digest von einem jungen Mann, der ebenfalls in einer Spalte verloren gegangen war. 70 Jahre später fand man ihn im See am Fuße des Gletschers. Eine alte Frau war gekommen, ihren Liebsten zu identifizieren. Er sah so jung aus, wie sie ihn das letzte Mal gesehen hatte. Vor 70 Jahren.

Ich hatte meinen Liebsten bei mir. Er hatte versucht, mich aufzuhalten, als ich über den Gletscher rutschte. Ich habe ihn mitgerissen. 48 Meter tief. Er lag nur wenige Meter von mir entfernt. Wir redeten nicht viel. Als ahnten wir, dass dies das Ende aller Gespräche sein würde.

Wie geht es Dir? Ich kann nicht aufstehen. Ich versuchte, mich aufzurappeln und zu ihm zu kriechen. Aber dann sah ich, dass mein Unterschenkel in der Mitte ein Knie hatte. Beinbruch. Keine Schmerzen. Ich versuchte zu ihm zu kriechen und verlor immer wieder die Besinnung. Panik? Nein. Ich betete ein letztes Vater-Unser. Laut und vernehmlich. Es hallte an den Wänden wieder, als würden sie mir antworten. Als seien sie die Zeugen für meinen Übertritt ins Jenseits. Mir war klar, dass dies das Ende sein würde. Sterben im Schnee tut nicht weh. Man schläft einfach ein.

Ende des vorletzten Jahrhunderts stürzte der britische Arzt und Botaniker Edward Byrne in eine Gletscherspalte. Die Neugier, in die Spalte sehen zu wollen, verleitete ihn, sich vom Seil zu befreien. In der zu schmalen Spalte blieb er jedoch mit seinem Rucksack kopfüber hängen. Die Retter fanden den Gefährten in etwa sechzig Fuß Tiefe, vom tropfenden Schmerzwasser mit einer dünnen Eishaut überzogen. Auch Byrne überlebte den Sturz. Ihn ließ dieses Ereignis nicht mehr los. Als Glaziologen beobachtete er mehr als zwei Jahrzehnte, wie sich seine Gletscherspalte dem Gletschermund näherte. Er war auf der Suche nach seinem Rucksack. Siehe Literatur: Der Klang des Schnees.

Bei mir sind mehr als fünf Jahrzehnte vergangen, bis ich erstmals den Wunsch verspürte, an den Ort zurück zu kehren, wo ich beinahe mein damals erst 18 Jahre während Leben gelassen hätte. Ich stürzte in eine Gletscherspalte. 48 Meter tief. So hoch wie ein ordentlicher Kirchturm. Normalerweise überlebt das ein Mensch nicht. Wir waren sogar zwei, die das überlebten, aber auch nur, weil wir ursprünglich vier waren und unsere Gefährten, Arno und Marianne, Hilfe holten. Und das zu Zeiten ohne Handy, ohne GPS. Und angeseilt waren wir natürlich auch nicht.

Mein ganzes Leben lang fand ich danach nie wieder einen Gefährten, der mit mir in die Berge steigen, und schon gar nicht in diese Berge fahren wollte. Ist bei dir nicht genug kaputt gegangen bei diesem Unfall? Hast du die Alpträume vergessen, die dir immer wieder den Schlaf raubten? Die vielen Monate im Krankenhaus, damit deine gebrochenen Lendenwirbel wieder heilten? Und dann das zu kurze Bein, weil man den Splitterbruch damals einfach eingegipst hatte? Vergessen die Operationen, um das Bein wieder länger zu machen und das falsch belastete Sprunggelenk neu zu justieren? Und die immer prophezeiten Aussichten auf statische Beschwerden, die im Alter kommen sollten? Ich sollte dankbar sein, das alles so abgelaufen sei. Ende der Debatte. Und trotzdem rumorte etwas in mir. Ich meinte, ich müsste an den Ort zurückkehren, wo mein damals sehr übermütiges Leben eine scharfe Wende erfuhr.

Die vielen Monate im Krankenhaus, die ich im Liegen verbringen musste, die unendlich langen Tage und Wochen, in denen ich nichts anderes tun konnte, als lesen und malen. Fernsehen gab es damals nicht in Krankenhäusern. Mein kleines Transistorradio störte die restlichen acht bis zehn Frauen in dem Krankensaal. Sie waren alle so alt. Keine Gesprächspartner für mich. Jede Menge Schenkelhalsbrüche. Sie kamen und gingen. Nach und nach wurden sie entlassen und neue kamen. Immer wieder. Nur ich blieb wo ich war. In meinem Bett. Oktober. November. Dezember. Es gab Einläufe für diejenigen mit Verstopfung, die den ganzen Saal verstänkerten. Unbarmherzig wurden wir mit Rizinusöl malträtiert, wenn nicht genügend Stuhlgang auf der Krankenakte vermerkt war. Lügen halfen nur vorrübergehend. Einmal wusch mir eine „Mitgefangene" die Haare, in dem ich mich diagonal mit dem Kopf über die Bettkante legte und sie mit einer Schüssel Wasser hantierte. Einmal in diesen vielen Monaten.

Die morgendlichen Brötchen mit einer Blume Butter und einem Kleks Marmelade kamen mir zum Hals heraus. Bis heute bin ich nicht scharf auf Brötchen und auch nicht auf Marmelade.

Um Weihnachten zogen irgendwelche Chöre durch die Säle, verteilten Nikolaustütchen und sangen uns in Grund und Boden. Fröhliche Weihnachten. Ja, danke. Warum schreibe ich das? Ich versuche zu erklären, wie sich in mir etwas änderte. Anfangs war ich nur traurig, ärgerlich, enttäuscht und haderte, was mir geschehen war. Meine Lehrabschlussprüfung musste ich absagen. Mein Freund war bereits vor Weihnachten entlassen worden und ließ sich nicht bei mir blicken. Ich hatte ihn seit unserer Überführung aus dem Krankenhaus Cavalese nach Deutschland nicht mehr gesehen. Briefe beantwortete er auch nicht, obwohl wir im gleichen Krankenhaus lagen und seine und meine Eltern uns beide besuchten.

Es wurde Januar, Februar. Alle sechs Wochen wurde ich geröntgt, um nach den Wirbeln zu sehen. Wenn ich mich nur endlich einmal aufsetzen dürfte. Wie groß kleine Wünsche werden können. Weiter liegen! Der Vorgang des Aufstehens bestand ausschließlich darin, dass ich mir einen sogenannten Bettknochen in den Nacken schob und zum Schlafen entfernte.

Noch immer mit Voll-Gips am linken Bein. Mit einer langen Stricknadel kratzte ich mich, wenn das Jucken gar zu schlimm war. In diesen Monaten hatte ich viel Zeit, über mich und mein künftiges Leben nachzudenken. Und das tat ich auch. Ich ließ mir meine Schulbücher ins Krankenhaus bringen und begann zu lernen. Ich wollte die bestmögliche Lehrabschlussprüfung hinlegen. Ich entdeckte eine Dankbarkeit in mir, die ich früher nie gefühlt hatte. Mir wurde dies kleine Wunder bewusst, dass ich lebte. Ich hätte querschnittsgelähmt sein können. Oder gleich tot. Ich entdeckte das Gebet, um zur Ruhe zu kommen, wenn mir die Bettdecke mal wieder zu schwer wurde. Ich, die früher keinerlei Geduld für Handarbeiten hatte, stickte meiner Mutter eine Tischdecke. Im Liegen. Ich bereute, wie oft ich mich gedrückt hatte, als meine Mutter Hilfe im Haushalt gebraucht hätte. „Ich würde dir so gerne beim Kartoffelschälen helfen", sagte ich ihr. Und sie lächelte mich dafür dankbar an. In diesen Monaten bin ich erwachsen geworden. Als ich im März aus dem Krankenhaus entlassen wurde, war ich ein anderer Mensch. Im Sommer legte ich tatsächlich die beste Lehrabschlussarbeit von Oberfranken ab. Soviel zur Vorgeschichte für diese Reise in die Dolomiten.

Auf dem Gipfel des Piz Boe, zwei Tage vor dem Sturz in die Gletscherspalte, siehe Hintergrund.

Spurensuche

Irgendwann in den letzten zwei Jahren wurde der Wunsch dringend, zur Marmolata zurück zu kehren. Spurensuche? Nein! Nach 52 Jahren findet man ganz sicher keine Spuren. Und dann noch auf der 3.343 Meter hohen Marmolata, dem höchsten Gebirgsgrat der Dolomiten, einem Teil der südlichen Kalkalpen in Italien. Die Königin der Dolomiten. Hier befindet sich der einzige nennenswerte Gletscher dieses Gebirgsteils. Marmolata leitet sich von Marmor ab. Auf Italienisch heißt sie Marmolada, auf Ladinisch Marmoleda.

Als Reisejournalisten stehen wir seit Jahrzehnten noch immer auf den Presseverteilern verschiedener Destinationen. Aus vielen hatte ich mich löschen lassen. Wie mich die Trentiner entdeckt hatten, weiß ich nicht. Jedenfalls hatte ich sie nie gelöscht, sondern immer ein wenig darin herumgelesen. Dann kam auch noch ein PR-Büro für das Fassatal hinzu, das mich monatlich mit touristischen Informationen beglückte. Im Fassatal – zwischen Bozen und der Marmolata - lag der Ort Penia di Canazei, in dem wir damals wohnten. Monat für Monat grübelte ich darüber, dorthin zu fahren. Reiner Zufall, dass in unserem Wohnort ein Italienisch-Kurs angeboten wurde. Ich meldete mich an. Als Brücke suchte ich Kontakt zu beiden PR-Büros. Aber es passierte nichts, bis ich dann konkret die Absicht äußerte, mit meinem Mann ein Buch über die Marmolata und das Fassatal schreiben zu wollen. Doch die Begeisterung der PR-Leute hielt sich in Grenzen. Ich bat um Kontakte zur dortigen Bergwacht Südtirol und erhielt erst einmal eine Abfuhr: Die Marmolata befinde sich im Trentino und damals 1965 außerhalb des jetzigen Einsatzbereiches. Ich reichte meine Geschichte aber weiter zum Soccorso Alpino – Servizio Provinciale Trentino (Alpine Rettung Sektion Trentino). Dessen Präsident wollte sich dafür einsetzen, den alten Rettungsbericht aus 1965 zu finden. Um Einblick erhalten zu dürfen, musste ich ihm meinen Personalausweis einscannen und schicken. Danach vergingen nur noch einige Wochen bis ich diesen Bericht per Mail erhielt, zusammen mit zwei alten Zeitungsartikeln auf Italienisch. Gänsehaut überzog meine Arme, als ich den Bericht in Händen hielt. Dazu stand in der Antwortmail, dass von den damals zehn Rettern noch zwei am Leben seien: Angelo Pacher und Lodovico Vaia.

CORPO SOCCORSO ALPINO - STAZIONE DI _Canazei_

SAT - TRENTO - Via Manci, 109 - Telefono 33.166

Rapporto sull'intervento del giorno _25 sett. 1966_ a _Marmolada_

GENERALITÀ DELLE PERSONE INTERESSATE:

WINKLER   HEINRICH
(cognome e nome in stampatello)

nato il _23.12.1937_ a _Hof/Saale_

residente a _Hochheim/Main_ via _Eichenseestr._ n. _1.C_ Professione _Decoratore_

Carta d'identità o passaporto n. ___ Società alpinistica cui appartiene ___

FISCHER   UTE
(cognome e nome in stampatello)

nato il _3.6.1948_ a _Hof/Saale_

residente a _Hof/Saale_ via _Alsenbergstr._ n. _28_ Professione _Apprendista commercio_

Carta d'identità o passaporto n. ___ Società alpinistica cui appartiene ___

(cognome e nome in stampatello)

nato il ___ a ___

residente a ___ via ___ n. ___ Professione ___

Carta d'identità o passaporto n. ___ Società alpinistica cui appartiene ___

Località esatta ove s'è verificato l'infortunio _Punta Serauta_ Giorno ed ora _25 sett ore 14_

Ricuperati: Illesi n. ___ Feriti n. _2_ morti n. ___

COME AVVENNE L'INFORTUNIO

(CAUSE: specificare le lesioni ed ogni altro elemento utile)

_Scendeva la Punta Rocca, la ragazza
..._

Nomi dei compagni di gita: ___

AZIONE DI SOCCORSO organizzata dalla Stazione
(Cognomi e nomi degli uomini impiegati):

1. _Brunner Luigi_
2. _Bernard Azzurro_
3. _Parker Angelo_
4. _Calmi ni Giacinto_
5. _Fané Lorenzo_
6. _Fini Lorenzo_
7. _Eng Cosmica_
8. _Scarpa Giacomo_

9. _Brz Battista_
10. _Ploner Luciano_

Gli uomini sono stati assicurati? _no_ Hanno partecipato elementi di altra Stazione? _no_ Di che Stazione? ___ Quanti? ___

COME SI E' SVOLTA L'AZIONE DI SOCCORSO

(breve descrizione precisando anche il giorno e l'ora di partenza della Squadra, l'ora in cui è stato regolato l'infortunato e il giorno e l'ora del rientro in sede)

_..._

Di quale grado erano le difficoltà alpinistiche? ___

Rifugio ove l'infortunato ebbe i primi soccorsi? ___

Località ove fu trasportato _Pian Trevisan (Rendena Gardena)_

Von da an gab es kein Halten mehr. Wir hatten eine Woche für diese Reise eingeplant. Ich buchte über booking-com ein Hotel in Canazei, eine Fahrkarte nach Bozen bei der Deutschen Bahn sowie einen Leihwagen in Bozen.

13

SUL GHIACCIAIO DELLA MARMOLADA

Due alpinisti tedeschi precipitano in un crepaccio

Hanno riportato gravi lesioni - Sono stati tratti in salvo dai carabinieri e dalla squadra del soccorso di Canazei

Due giovani tedeschi scivolati mentre compivano la traversata del ghiacciaio della Marmolada sono precipitati in un crepaccio profondo una quarantina di metri. Soccorsi dai carabinieri di Canazei e da uomini del corpo volontario del luogo sono stati ricoverati all'ospedale di Cavalese; le loro condizioni non sono gravi.

I due infortunati sono Hermann Schneider, trentanovenne da Karisruhe e la fidanzata Ute Fischer, diciannovenne da Hof-Saal.

L'incidente è accaduto domenica pomeriggio, poco dopo le 15. I due erano saliti da Canazei, in compagnia di un conoscente a Pian Trevisan ed avevano intrapreso l'attraversata del ghiacciaio con meta Punta Rocca.

Ad un tratto, per cause non bene accertate, sono scivolati e dopo una corsa di circa cinquanta metri lungo un ripido pendio ghiacciato sono precipitati in un crepaccio profondo 40 metri.

Il compagno di escursione è ridisceso a Pian Trevisan ed ha dato l'allarme. Sono subito partiti da Canazei alcuni carabinieri e quattro uomini della stazione di soccorso alpino. I quali dopo una marcia forzata durata parecchie ore hanno raggiunto gli infortunati e sono riusciti, non senza difficoltà a trarli in salvo. Li hanno quindi avviati con delle barelle a Canazei e da qui,

dopo una visita del medico condotto, con un'autoambulanza all'ospedale di Cavalese.

I sanitari di guardia hanno riscontrato alla ragazza la sospetta frattura del bacino ed allo Schneider la sospetta frattura della gamba sinistra e un grave trauma cranico. Entrambi sono stati accolti in corsia con prognosi di sessanta e di novanta giorni rispettivamente.

Parallel dazu teilte ich dem Soccorso Alpino unser Kommen mit, meine Handynummer, unser Hotel und dessen Telefonnummer und dass wir uns wünschten, den beiden überlebenden Rettern unseren Dank abstatten zu wollen. Vorbereitend hatte ich einen Text verfasst, wie es mir nach der Rettung im Leben ergangen sei, damit niemand auf die Idee käme, ich sei eine alte gebrechliche Dame, die bei einem starken Nieser aus den Schuhen kippt. Da meine erst vor wenigen Monaten begonnenen

Italienisch-Lektionen nicht ausreichten, um damit Konversation zu betreiben, bat ich meine Italienisch-Lehrerin, einen von mir verfassten Text zu übersetzen. Den schickte ich an den Soccorso Alpino. Und damit begann ein Rendezvous, von dem wir beide keine Vorahnung hatten, wie beglückend diese Reise ausfiel.

Abreise am 16. August 2018

Das kann ja heiter werden. Da beginnst Du eine Reise nach 52 Jahren und dann verschiebt sich die Abfahrt des Zuges um 20 Minuten wegen „verzögerter Bereitstellung des Zuges". Halt dich zurück, raune ich mir zu. Wir stehen hier in Sicherheit. Vor zwei Tagen stürzte in Genua die Brücke ein. Mehr als 30 Autos fielen in die Tiefe, ins Nichts. 40 Meter tief. Ob die Insassen geschrien haben, als sie realisierten, dass es definitiv abwärts ging? Richtig. Stimmritzenkrampf. Das las ich vor Jahrzehnten als Erklärung, warum ich beim Sturz in die Gletscherspalte nicht geschrien hatte. „Gletscherspalte" hatte ich nur kurz gedacht, als ich mit Heiner über den Gletscher trudelte und diesen schwarzen Abgrund vor mir realisierte. Gletscherspalte. Sonst nichts.

15

München. Von den geplanten 90 Minuten Umsteigezeit nach Bozen sind noch immer 60 verblieben, um bei Vinzenz Murr auf dem Bahnhof einen Leberkäs zu essen und auf Toilette zu gehen. Im Bahnhofsmarkt Rubenbauer besorgen wir uns ein alkoholfreies Bier für die Weiterfahrt; so etwas gibt es nicht im Bistrowagen der Bahn. Der Zug nach Bologna steht schon auf Gleis 13. Bernhard entdeckt, dass er seine BahnCard eigentlich morgen kündigen müsste. Wir versuchen es telefonisch. Ansage: Das müsse schriftlich erfolgen. Also rufen wir Bernhards Tochter Claudia an, sie möge die Kündigung per E-Mail schicken.

Ferragosto

Der Eurocity der Österreichischen ÖBB scheint gut gefüllt. Ab heute kann man wohl wieder nach Italien fahren; denn Ferragosto, 15. August, ist vorbei. Ferragosto was? Es ist eigentlich Maria Himmelfahrt, einer der wichtigsten kirchlichen und familiären Feiertage Italiens. Er gilt auch als heißester Tag des Sommers und kennzeichnet den Wendepunkt des Sommers. Die Italiener planen um diesen Tag herum ihren Sommerurlaub; viele Betriebsurlaube lassen das öffentliche Leben erlahmen. Werkstätten und Behörden sind geschlossen. Zu keiner Zeit ist das Urlauberleben teurer in Italien. Die Strände sind überfüllt, die Hotels und Pensionen ausgebucht. Und es wird viel gefeiert.

Auch in unserem Zug sitzen viele Italiener. Immerhin geht es Richtung Bologna. Im Gegensatz zum übrigen Deutschland, wo in diesem Sommer die Felder und Wiesen verdorrt und der Mais mickrig kurz ausgefallen ist, strahlen sie hier entlang des Inns in leuchtendem Grün. Etliche Radler verfolgen den Inntal-Radweg Richtung Kufstein. Hinter Rosenheim erheben sich die ersten bewaldeten Berge, schon mit ein paar schroffen Felsen. Nach ein paar kühleren Tagen landet der heutige Tag wieder bei 31 Grad. Die unterdimensionierte Klimaanlage haucht nur am Fensterrahmen zaghaft gegen meinen Unterarm. Der Himmel ist typisch bayerisch weiß-blau mit malerischen Schäfchenwolken. Dörfer mit spitzen Kirchturmnadeln huschen vorbei.

Kurz vor dem Brenner die Überraschungs-Durchsage: Alle Reisenden nach Italien sollen den Zug am Brenner verlassen. Schienenersatzverkehr wird den Weitertransport übernehmen. Upps. Bernhard ist auf der Toilette. Hat er das gehört? Während sich alle emsig aufrappeln und ihre Gepäckstücke zusammensuchen, versuche ich herauszufinden, was da los ist. Am Brenner werde umgebaut, höre ich. Hat das etwas mit Flüchtlingen zu tun? Niemand weiß etwas. Während das rote Licht für Bernhard Toilettenbesuch noch immer leuchtet, stehen die meisten schon mit ihrem Gepäck im Gang. Der Zug fährt schon langsamer. Mir wird mulmig. Da endlich erlischt das rote Licht. Bernhard wurstelt sich erstaunt durch die Kofferkolonne im Gang. Auf der Toilette gab es keinen Lautsprecher.

Brenner-Pass

Der Ausstieg aus dem Zug ist extrem hoch über dem Bahnsteig. Ich fliege mehr heraus, als dass ich klettere. Bernhard kann gerade noch meinen Trolley abfangen, sonst wäre er auf mich gestürzt. Dann streben wir der Menschenschlange hinterher, die den Weg zu kennen scheint. In der Bahnhofshalle müssen wir uns mit dem Gepäck eine Treppe herunterquälen und einen unterirdischen Gang nehmen, der die Geleise unterquert. Am Ende geht es wieder zwei Treppen hinauf; natürlich ohne Lift und ohne Gepäck-Förderband, was einige ältere Herrschaften nur mit großer Anstrengung schaffen. Keine Helfer. Jeder muss sich mit seinem eigenen Gepäck abmühen. Ich helfe einer gebrechlichen Dame, die ihren Koffer nur Stufe für Stufe hochwuchten kann. Sie lächelt mich dankbar an. Unterschwellig hoffe ich, dass sich meine gute Tat irgendwann mal auszahlt, wenn ich in ähnlicher Situation sein könnte. Auf dem Bahnhofs-Vorplatz stehen mehrere junge Leute mit gelben Leibchen und weisen uns den Weg zum richtigen Bus. Bozen bitte. Aha: Bolzano. Der Busfahrer hievt die Koffer in den Bauch des Busses und fährt nach wenigen Minuten ab. Der Bus ist voll.

Während der Bus entlang der Eisack zu Tal kurvt, versuche ich, die Autovermietung in Bozen anzurufen. Ich habe Sorge, dass wir später als vereinbart ankommen werden und will auf keinen Fall riskieren, dass wir das gebuchte Auto nicht übernehmen können. Unser Hotel liegt knapp 60 Kilometer von Bozen entfernt. Aber oh weh: Sie sprechen nicht Deutsch, ich zu wenig Italienisch und wir beide nur spärlich Englisch. Schnell begreife ich, dass ich zwar Sixt angerufen habe, aber nicht mit Sixt in Bozen spreche. Jedenfalls nenne ich meine Reservierungsnummer und werde weiter verbunden. Keine Ahnung, wohin. Wieder ein Mann, der angeblich besser Englisch als Deutsch könne. Aber auch er stöpselt herum und ich komme auch aus dem sprachlichen Tritt, um ihn mit Italo-Englisch beizubringen, dass wir nicht im Zug nach Bozen sind, sondern in einem Autobus, von dem wir nicht wissen, wann er in Bozen ankomme. Jedenfalls klingt es dann doch, als ob man auf uns in Bozen warten werde. Erst später lesen wir, dass die Autovermietung auch noch eine zweite Abgabezeit ab 19.00 Uhr hat. Doch der Bus kommt zehn Minuten früher an, als der Zug avisiert war.

Bozen

Die Autoübergabe war auf 17.35 Uhr verabredet auf dem Bahnsteig 1 des Bahnhofs. So sehr wir auch schauen: Nix von Sixt! Wir fragen einen Bahnangestellten, der zuckt die Schultern. Wir fragen weiter: Rent a Car? Dann kommt Bewegung in ihn und er zeigt auf ein winziges grünes Schild am Bahnhofsgebäude: Win Rent. Büro geschlossen. Ich wähle die angeschlagene Telefonnummer und tatsächlich meldet sich ein Mann mit „Pronto". Auf meine Frage „Parla tedesco" erhalten ich ein „No. Inglese". Ich sage ihm auf Italienisch meinen Namen und auf Englisch, dass ich das Leihauto abholen möchte. Er verspricht, in fünf Minuten da zu sein, er sei gerade in der Garage. Wir warten. Zehn Minuten. 15 Minuten. Dann erscheint ein kleiner, schmächtiger Mann um die 30 und schließt das Büro auf. Ich halte ihm meine Buchungsbestätigung hin. Er will 1000 Euro Kaution. Wir versuchen ihm mit der Buchungsbestätigung zu beweisen, dass auf ihr nichts von Kaution steht. Er aber: No Kaution. No Auto. Mehrfach sahen wir TV-Sendungen, wo ausdrücklich davor gewarnt wurde. Ich rufe die SIXT-Hotline an. Tatsächlich meldet sich eine deutsche Männerstimme. Da sei so in Ordnung. Ich: Auf meiner Bestätigung steht davon nichts. Er: Das steht in den AGB (Allgemeinen Geschäftsbedingungen). Die habe ich nicht dabei. Und weiter: Er könne nichts für mich tun. Das sei eben so. Prima!

Wir fragen uns, warum wir ausgerechnet bei Sixt gebucht haben und nicht bei irgendeiner viel billigeren Autovermietung? Diese Frage beantwortet uns jedoch niemand. Ich reiche also meine Kreditkarte und unterschreibe auf einem kleinen Monitor. Und dann soll ich noch einmal unterschreiben, nämlich, dass ich das Auto ohne Beschädigungen übergeben bekommen habe. Dabei habe ich es noch gar nicht gesehen. Wir kündigen an, dass wir das Auto komplett fotografieren würden. Trotzdem muss ich unterschreiben. Erst dann händigt er mir den Schlüssel aus und eine Ausfahrkarte aus dem City-Parkhaus, das vis á vis vom Bahnhof liegen soll. Wir sind verständlicherweise stinkig, derart genötigt worden zu sein und schwören: Nie wieder Sixt.

Das Auto

Vor dem Bahnhof steht plötzlich der Vermieter neben uns, um uns nochmal die Richtung zum Parkhaus zu zeigen. Ich bemühe mich, unfreundlich zu bleiben und danke trotzdem, um ihn loszuwerden. Wer weiß, was sonst noch passiert. Das Auto, ein Fiat 500 soll auf Ebene 4 in einem extra gekennzeichneten Win-Rent-Bereich stehen. Wir finden es sofort. Der anthrazitgrau-metallic farbige Wagen sieht ziemlich neu aus. Auf dem Tacho stehen etwas mehr als 3.000 Kilometer. Also fast neu. In den kleinen Kofferraum passt nur einer unserer beiden Trolleys. Da es ein Zweitürer ist, wursteln wir den zweiten Trolley am Vordersitz vorbei auf die Rückbank. Erst später lernen wir, wie sich die Lehnen besser nach vorne umschlagen lässt. Eine Einweisung wäre nicht schlecht gewesen. Ich stelle Innen- und Außenspiegel ein. Bernhard fotografiert das Auto rundherum. Irgendwelche Schäden sind nicht zu erkennen. Und dann fahren wir los. Diese kleine Rutsche geht natürlich sehr bequem um die Kurven eines Parkhauses. Aber dann landen wir an der Ausfahr-Schranke und suchen verzweifelt die Fensterheber? Müssen wir etwa kurbeln? Nichts zu finden. Also öffne ich die Fahrertür, quetsche mich mit dem Ausfahrschein heraus und schiebe das Ticket in den Automaten. Geschafft.

Wo bitte geht's zum Fassatal?

Es ist kurz vor 19 Uhr und Starkverkehr in Bozen. Deshalb können wir nicht irgendwo herumstehen, sondern müssen in den fließenden Verkehr eintauchen. Haben wir etwa Schilder nach Canazei erwartet? Ein Grobausdruck aus dem Internet hatte jedoch Straßen wie Brenner-Straße und Rittner-Straße angezeigt. Doch wir wollen natürlich auch nicht zum Brennerpass zurück. Trotzdem fädle ich in die Brennerstraße Richtung Brenner ein; eine gut ausgebaute, vierspurige Schnellstraße. Ich nütze jedoch gleich die nächste Rechts-Abbiege-Möglichkeit, wo ich zwei Männer auf einem

Autoparkplatz ausgemacht habe. Hoffentlich steigen die nicht ein und fahren los, bevor ich dort angekommen bin.

Ich zeige auf meiner Grobskizze, wohin wir wollen. Ja, sie sprechen sogar Deutsch. Sie würden nicht durchs Fassatal nach Canazei fahren, sondern über die Autobahn und das Grödnertal. Später begreife ich, dass sich diese Route tatsächlich einfacher und schneller fahren ließe, aber irgendwie bin ich auf Fassatal gepolt. Einer der Männer erklärt umständlich den Weg und bietet dann an, bis zum Abzweig Fassatal vorweg zu fahren. Spätestens als wir dem braunen Schild als Ausfahrt von der Brennerstraße folgen, begreife, dass wir das auch gut alleine hätten finden können. Ich hupe noch ein Dankeschön und wir sind glücklich on-the-road, während unser Lotse im Kreisverkehr zurück nach Bozen verschwindet.

Das Fassatal

Es beginnt nicht hinter Bozen, wie ich dachte, sondern hinter dem Karer-Pass; bis Vigo heißt das Tal Eggental. Erst ab Vigo nennt es sich Fassatal, und behält diesen Namen bis zur Marmolata, wo der Avisio entspringt, der uns hier entgegenplätschert.

Das Fassatal, der nordöstliche Ausläufer des

Trentino, grenzt im Norden an die Provinz Bozen und im Osten an die Provinz Belluno, die zu Venetien gehört. Sieben Gemeinden reihen sich in dem circa 20 Kilometer langen Tal: Rund 10.000 Einwohner verteilen sich auf die Orte Moena, Soraga, Vigo, Pozza, Mazzin, Campitello und Canazei, wo die Marmolata als höchster Gipfel der Dolomiten das Tal beschließt. Fassa hieß historisch Fascia, was so viel bedeutet wie schmale Felder und Weiden zwischen zwei Berghängen.

Die ersten Siedler waren wohl rätischen Ursprungs, lese ich in einer Dokumentation des Tourismusverbands Val di Fassa. Die Räter verschmolzen mit dem Römischen Volk, das sich nach der Eroberung des Trentino (15.v.Chr.) mit dem sogenannten rätischen Krieg von Drusus und Tiberius in diese unwirtlichen Gegenden vorwagten. Sie kamen wahrscheinlich über das Langkofeljoch ins Tal; daher sei es kein Zufall, dass Vigo eine der ersten Ansiedelungen war. Um sich vor Überschwemmungen zu schützen, aber in der Nähe von Wasser zu sein, bauten sie auf halber Hanghöhe ihre ersten Hütten. Das Aufeinandertreffen von römischer und rätischer Kultur war die Wiege der Ladiner Sprache, die noch heute im Fassatal sowie noch in anderen Regionen zwischen Rhein und Donau, von der Triester Küste bis zum Gardasee gesprochen wird. Im Fassatal existieren noch wenigstens drei Untergruppen von Ladinisch: Cazét, Brach und Moenát. Ein aufmerksamer Ladinisch-Kenner kann daran erkennen, ob der Sprecher aus dem oberen, mittleren oder unteren Tal kommt.

Das Fassatal war schon immer ein Kreuzpunkt der wichtigsten Verbindungswege zwischen den Gebieten des Trentino, Veneto und Tirol. Bis in das 19. Jahrhundert befanden sich die Bergwelt und die ladinische Bevölkerung in völliger Abgeschiedenheit. Erst nach 1860, als von Kardaun bei Bozen bis Welschnofen eine Schotterstraße planiert wurde, begann für das Eggental eine neue Zeit. Bis dahin war man auf die eigenen Füße angewiesen; um das Tal wie auch die Bergpässe zu überwinden.

Als dann 1867 auch noch die Eisenbahnlinie über den Brenner gebaut wurde und die ersten neugierigen Reisenden mit der Postkutsche eintrafen, erwachten die Ambitionen, dass sich mit den Fremden Geld verdienen lasse. Es gründete sich ein Verein für Alpenhotels; der errichtete das Grandhotel Karersee in mitten unberührter Natur. 1895 wurde die Verbindung vom Karerpass bis nach Vigo weitergeführt. Auch die Grödner bauten eine Straße von der Etsch bis nach St. Ulrich. Doch beide blieben erst einmal „Sackgassen".

Die Dolomitenstraße

Unter Theodor Christomannos, Sohn griechisch stämmiger Kaufleute, und Albert Wachtler, beide Vorstände der Alpenvereinsektionen Meran und Bozen, entstand die Planung für ein durchgehendes Straßenband von Vigo über das Pordoijoch und den Falzaregopass bis nach Cortina. Eigentlich sollte diese Straße zum 50. Regierungsjubiläum von Kaiser Franz Joseph im Jahr 1898 eröffnet werden. Doch große bürokratische und finanzielle Hindernisse verzögerten die Planung. Der erste Spatenstich erfolgte erst im Jahr 1900. Mehr als 1000 Männer fanden hier Arbeit und Lohn. Am 13. September 1909 wurde das letzte Teilstück am Falzaregopass fertig gestellt. Die Dolomitenstraße galt damals als Meisterwerk der alpinen Straßenbaukunst. Die erste Postautolinie fuhr über`s Pordoijoch und verband Bozen über Canazei mit Cortina auf 142 Kilometern.

Tourismus im Fassatal

Noch im 19. Jahrhundert war es Gang und Gäbe, dass die Fassaner nach der Schneeschmelze nach Österreich und Bayern aufbrachen, um als Handlanger, Tischler, Maler und Dekorateure zu arbeiten und am Sankt Martinstag (11. November) zurück zu kehren. Durch den Bau der Brenner-Eisenbahn entwickelte sich ein reges Hin und Her. Mineraliensammler kamen und Bergsteiger aus Deutschland, Österreich und sogar jenseits des Ärmelkanals.

Der Name Dolomiten und Dolomitgestein kommt übrigens von dem französischen Geologen Marquis Déodat de Dolomieu; er ließ das weiße, später nach ihm benannte Gestein analysieren. Es besteht aus Calcium-Magnesium-Carbonat. Geburtsstätte der Dolomits ist das Meer. Vor rund 200 Millionen Jahren bedeckte es dieses Gebiet. Die Kollision der Kontinentalplatten türmte sediment-, kalk-, karbonithaltiges und vulkanisches Urgestein vor etwa 20 Millionen Jahren zu den heutigen Gipfeln und Gebirgsmassiven in die Höhe. Der Name Dolomiten festigte sich aber erst in der Mitte des 19. Jahrhundert, als der Kunstmaler Josiah Gilbert und der Naturwissenschaftler George Churchill in London eine Reportage über „The Dolomite Mountains" veröffentlichten.

Die Pioniere

Als Pioniere des Tourismus im Fassatal wird heute noch die Familie Rizzi, speziell Antonio

Rizzi (1776 bis 1848) genannt. Als tüchtiger Schüler in Campitello lernte er neben seiner ladinischen Muttersprache Italienisch und dann im Gymnasium in Innsbruck auch Latein und Deutsch. Im Laufe seiner beruflichen Entwicklung übte er bald viele verantwortliche Tätigkeiten aus, unter anderem als Kanzler für das Gericht in Vigo, als Steuer-Kanzler für Grundbuch und Steuererhebung im Fassatal, als Verwaltungsbeamter für den Fürstbischof aus Brixen. Und auch in der Regierungszeit Napoleons konnte auf seine Dienste nicht verzichtet werden. 1808 schloss er sich Andreas Hofer gegen die Soldaten Napoleons an. Sie verbünden sich mit Bayern.

Rizzi deutete den Entdeckerdrang ausländischer Mineraliensammler als große Chance, an Geld zu kommen. Wie fast überall in den touristischen Gebieten kamen auch hier als erstes britische Reisende. Daher begann er 1806 mit dem Bau eines Hotels. Das nötige Geld beschaffte er sich, in dem er mit sieben Ochsenkarren Mineralien und Fossilien nach Innsbruck fuhr und sie dort verkaufte.

Schon während der Bauzeit der Straße entwickelte sich im Fassatal Tourismus, der zunehmend von Vieh- und Weidewirtschaft ablenkte. Viele Familien im Fassatal trugen zur Entwicklung des Tourismus bei, indem sie Gästehäuser und Pensionen erbauten und die Gäste auf die Berge begleiteten. Vor allem die ersten Bergführer, die „Ciamorces de Fascia" (die Gämsen) erreichten Berühmtheit. Luigi Bernard (1859 bis 1937) aus Campitello wird noch heute als der „Vater aller Bergführer im " verehrt. An seiner Seite Menschen wir Luigi Rizzi aus Campitello, Luigi Micheluzzi aus Canazei und ganz besonders der „Teufel der Dolomiten", Tita Piaz aus Pera di Fassa. Siehe Seite 64.

Die UNESCO entdeckte Bergmassive wie Rosengarten-Latemar, Langkofel, Sella, Marmolata und Monzoni als Weltnaturerbe. Überhaupt zählen die Dolomiten heute zu den 50 schönsten Landschaften Europas und weltweit zu den 199 der Topliste.

Upps – was für ein Auto!

Wir erschrecken. Es kommt ein langer Tunnel und ich habe keine Ahnung, wo der Lichtschalter ist. Von zuhause bin ich gewohnt, dass das Licht auch am Tag eingeschaltet ist. Aber nachdem der Tacho völlig im Dunkeln liegt, ist damit nicht zu rechnen. Ein Wunder, dass uns weder die entgegenkommenden noch die nachfolgenden Autos anblinken. Vermutlich geht man hier etwas gelassener im Straßenverkehr um. Gleich nach dem Tunnel suche ich eine Ausweichstelle und intensiv nach dem Lichtschalter. Freilich ist er links an einem Drehhebel und weist das gleiche Symbol auf wie in den meisten Autos. Aber für alle Fälle schaue ich mir das von außen an. Okay. Und noch etwas stört mich: Ich fühle mich genötigt, den Kopf starr hochzuhalten, um mich auf die Fahrbahn konzentrieren zu können. Wieder suche ich eine Ausweichstelle zum Anhalten und finde auch einen Hebel, mit dem sich das Lenkrad tiefer stellen lässt. Damit wäre eigentlich alles paletti. Blödsinn. Dieses Wort gibt es im Italienischen gar nicht, aber wir Deutsche benützen es, als hieße es, dass alles in Ordnung ist.

Es wird dunkler auf der Strada Statale Nr. 241. Zwischen den hohen Bergen fällt nicht so viel Licht ins Tal. Ich erinnere mich an den Karersee, wie er 1966 tiefblau an der Straße auszumachen war. Jetzt im Dunkeln ist es nur der Name, der mich in die alte Zeit zurück bringt. Und dann geht es schon in steilen Serpentinen über den 1745 Meter hohen Karerpass; er ist die Verbindung zwischen den Gebirgsmassiven Latemar und Rosengarten.

Dann ist Canazei ausgeschildert. Und wir finden in dem Hauptort des Fassatals an einem Kreisverkehr den Hinweis zum Pordoi-Joch.

Auch dieser Name ist mir von 1966 geläufig. Unser Hotel soll direkt neben der Seilbahn auf dem Pordoi-Pass stehen. Auf der Landkarte sieht das ziemlich nah bei Canazei aus. In Wirklichkeit sind es 28 Kehren, wie hier die Serpentinen heißen, die wir uns hochschrauben müssen. Immer, wenn wir denken, das ins Blickfeld rückende Hotel sei das unsrige, geht es weiter hoch. Es krallen sich mehrere Hotels in die Flanke des Pordoi-Jochs. Und dann sind wir doch oben.

Hotel Col di Lana

Hätte ich dieses Hotel gebucht, wenn ich geahnt hätte, dass es nicht in Canazei, sondern sehr hoch über Canazei liegen würde? Wohl

nicht. Und trotzdem wird es mir jeden Tag bewusster und klarer, dass dies das einzig richtige Hotel für meine Spurensuche sein würde. Tag für Tag erkenne ich etwas intensiver so etwas wie Vorhersehung, als hätten mich geheimnisvolle Mächte ausgerechnet über Booking.com hierher geführt, obgleich ich nur nach einem Preis-Schnäppchen gesucht hatte. Obwohl schon vor sechs Wochen gebucht, werden wir namentlich erwartet. Matteo Scuola, einer der Geschäftsführer, begrüßte uns und vor allem mich mit „Frau Ute". Ich korrigierte ihn nicht; vermutlich dachte er, das sei mein Familienname. Und trotzdem war dieses ungewöhnliche „Frau Ute", als habe dieses Hotel auf mich seit vielen Jahren gewartet. Und es geht auch gleich weiter: Man kündigt an, dass am nächsten Morgen Lodovico Vaia um neun Uhr kommen werde. Remember: einer der beiden Gletscherretter. Ich bin wie erschlagen. Der Präsident der Bergrettung hat also wirklich meine Hinweise weitergegeben und dafür gesorgt, dass ein Treffen stattfinden kann.

Wir gehen noch auf einen Abendimbiss ins Hotelrestaurant. Ich bin so aufgeregt. Was soll ich Vaia fragen? Was darf ich nicht vergessen. Spricht er so gut Deutsch, dass wir uns überhaupt unterhalten können? Aufgeregt mache ich mir zwischen Brot und Suppe ein paar Notizen. Wie alt war er damals. Wie wurde er informiert. Kann er sich an den Unfall erinnern? Wie viele Leute verunglückten auf dem Marmolata-Gletscher? Plötzlich rudere ich nach Fragen. Ich muss die Zeit mit ihm ausnützen. Wie lange wird er da sein? Was soll ich erzählen. Wie wird es sein?

Das Wiedersehen

Am nächsten Morgen kommen wir um acht Uhr zum Frühstück nach unten. Und da steht er: Es kann nur Lodovico Vaia sein, so ein Fels von einem Mann, so ein selbstbewusstes Lächeln im Gesicht, als könnte ihn überhaupt nichts mehr aus der Ruhe bringen. Matteo Scuola bringt uns sogleich zusammen. Ich bin sprachlos. Aber Vaia erzählt gleich, dass er nicht lange bleiben könne, weil er auf die Hütte müsse, die er am Piz Boe bewirtschafte; aber auf einen Cappuccino in der Bar könnten wir uns zusammen setzen. Ich habe zwar nichts zum Notieren dabei, bin aber fasziniert. Er bietet auch gleich an, dass wir ihn auf der Hütte besuchen sollen; dann hätte er ein bisschen mehr Zeit. Es sei auch gar nicht weit: Mit der Seilbahn aufs Pordoi-Joch und dann eine Stunde auf ziemlich ebener Route. Ich zeige ihm unsere Halbschuhe, die für solche Touren sicher nicht geeignet sind. Aber er meint, das gehe schon. Wir lassen uns begeistern.

72 Jahre ist er heute alt, also nur zwei Jahre älter als ich; damals also 20 Jahre. Inzwischen liegen mehr als 50 Jahre Bergwacht hinter ihm; auch als Ausbilder für den Nachwuchs. Damals war er Skilehrer wie so viele im Winter und Bergführer im Sommer; die wurden immer zusammen gerufen, wenn es einen Unfall gegeben hatte. Auch der zweite Überlebende der Rettungsmannschaft sei hier ganz in der Nähe: Angelo Pacher, der sich italienisch Packer ausspricht. Er habe eine Gaststätte neben dem Hotel Lupo Bianco, an dem wir bei unserer Auffahrt von Canazei vorbeigekommen seien. Er schreibt mir die Telefonnummer auf. Ja, der Pacher wüsste auch schon, dass ich hier bin. Und der Matteo vom Hotel sei sein Neffe. Dass sich hier alle irgendwie kennen und weitläufig verwandt sind in dem engen Tal, kann man sich vorstellen.

Bernhard hat inzwischen den Fotoapparat geholt. Ich will unbedingt mit Lodovico fotografiert werden.

Wir treten vor die Haustüre, wo im Hintergrund das Pordoi-Joch mit seiner Bergstation in der warmen Morgensonne leuchtet wie ein Heiligenschein, der unserem Wiedersehen einen Segen erteilt. Ich muss ihn einfach mal umarmen. Und auch er umarmt mich, als würden wir uns ein Leben lang kennen. Kommt es oft vor, dass sich Gerettete bei ihm melden? Ja, ein paar schon; aber die meisten seien ja tot gewesen, als man sie fand. Später entdecke ich in einem Jubiläumsbuch über die Bergrettung im Fassatal, dass Lodovico bei 1064 Rettungseinsätzen dabei war. Und der Pacher noch 20 mehr. Lodovico drängt. Er muss zur Seilbahn und zu seiner Hütte. Wir sollen hochkommen. Ganz bestimmt; dann habe er ein bisschen mehr Zeit.

Das Frühstück überrascht. Wir sind ja einiges an Hotelfrühstücken gewohnt. Erst kürzlich waren wir in Apulien, einem Schlaraffenland für Käse, Wurst und Schinkenspezialitäten. Und trotzdem standen auf dem reichhaltigen Frühstücksbuffet minderwertige Dinge wie niederländischer Industriekäse und Formfleisch, das Schinken vorgaukeln sollte. Hier ist das anders. Es gibt neben dem üblichen italienischen Süßkram wie Hörnchen und Kuchenstücke und außer Salami, hauchzart aufgeschnittenen gekochten und rohen Schinken und herrlichen Käse aus dem Fassatal, den man sich selbst vom Stück abschneiden kann. Bernhard nimmt sich ein Ei und stockt gleich schuldbewusst: Es ist roh. Er sah nicht den Eier-Koch-Automat und deutete das Schild, auf dem neben Italienisch und Englisch auch deutsch „rauwe Eier" stand, als eine spezielle Art der Zubereitung. Der Kellner nimmt das angeschlagene rohe Ei wieder mit. Sein Lächeln zeigt, dass wir nicht die Ersten waren, die hier komplett daneben lagen. Ich versuche, ihm unser Missverständnis zu erklären. Das Schild mit dem „rauwe" bleibt unverändert die nächsten Tage. Am Kaffeeautomaten kenne ich mich inzwischen aus. „Cafe americano" ist eine dünne Plärre. Ich drücke erst „Cafe lungo", also ein doppelter Espresso und dann „Acqua calda", heißes Wasser. Die Mischung kommt meinem häuslichen Filterkaffee ziemlich nahe.

Zur Marmolata

Bergabwärts in Richtung Canazei suchen wir zwischen den Serpentinen das Hotel Lupo blanco, wo der Pacher haust, aber finden es nicht. Genau genommen kommen wir auch nicht in Canazei an, weil wir erst Tage später begreifen, dass von unserem Hotel zwei Straßen nach unten gehen und wir heute die Straße nach Cortina d'Ampezzo erwischt haben. Erst denken wir, dass wir im Ort Arabba falsch abgebogen seien. Nach einigen Kurven fragen wir Passanten nach dem Fedaia-Stausee und werden bestätigt, dass wir auf dem richtigen Weg seien. Tatsächlich taucht nach wenigen Kilometern ein Schild „Marmolata" auf. Die Straße mit vielen engen Serpentinen führt am Col di Lana (2.452 Meter) vorbei und über wilde Kehren nach Caprile hinauf zum Fedaia-Pass. Landschaft und Ortsnamen kommen mir sehr unbekannt vor, mit Ausnahme Fedaia. Auf dem Fedaia-Pass erwerben wir endlich eine passable Landkarte im Maßstab 1: 200.000 und begreifen, dass wir an der Talstation der Seilbahn auf den Marmolata-Gipfel bereits vorbei gefahren sind. Also wieder zurück nach Malga Ciapela.

Marmolata zum Ersten

Die Marmolata war im ersten Weltkrieg ein wichtiger strategischer Punkt. Anfangs schoben die österreichischen Soldaten auf den Gipfeln Wache. Es gehörte Mut dazu, den Männern unter italienischem Beschuss Lebensmittel hochzubringen. Sie suchten Schutz in Gletscherspalten. Im Sommer 1915 kam Ingenieur Leo Handl auf die Idee, eine Eisstadt mit unterirdischen Unterkünften, Vorratsräumen,

Toiletten, Geschützstellungen und Versorgungsgängen auszugraben. Das Netz von Tunneln und Grotten hatte eine Länge von mehr als zwölf Kilometer und lag teilweise bis zu 40 Metern unter der Oberfläche. Die Gletscherspalten wurden als Wege benutzt; sie mussten ständig beobachtet werden, weil der Gletscher in Bewegung war. So waren auf der Marmolata bis zu 700 Soldaten stationiert, die täglich über zwei Tonnen Verpflegung, Brennmaterial, Munition, Baumaterial, Werkzeuge und Karbid als Leuchtmittel benötigten.

In jenen Jahren, man schätzt 1910, seien die damals aus Holz bestehenden Vorgänger des modernen Skis zu militärischen Zwecken erfunden und erstmals auf der Marmolata eingesetzt worden. Gut gemeint, Aber da irrt sich der Chronist. Bereits 1896 fanden die ersten Ski-Wettrennen im Schwarzwald statt. Und schon im achten Jahrhundert unterlag Wikingerfürst Ragnar Lodbrok auf seinem Feldzug nach Nordnorwegen einem kleinen Haufen Bauern, der mit Ski ausgerüstet viel schneller war als seine schwer bewaffneten Wikinger zu Fuß.

Nach diesem Krieg gab es jedenfalls erste schüchterne Versuche im Fassatal, so etwas wie Wintersporturlaub zu kreieren. Mit Steigfellen ging es aufwärts und abwärts von alleine. Auch der Winterjob der Skilehrer wurde hier geboren. 1956 gab es drei Skilehrer an der Marmolata; heute sind es alleine bei der Skischule Marmolata über 100.

Die Seilbahnen auf die Marmolata

Es gibt heute zwei. Eine führt in einer geschlossenen Kabine hinauf bis auf den Gipfel: Die gab es vor 52 Jahren noch nicht. Sie startet auf 1.450 Metern in Malga Ciapela und verläuft in drei Etappen. Auf der ersten Station Antermoja muss man in eine andere Kabine umsteigen, die dann bis zur Station Serauta auf 2.950 Meter fährt. Hier bietet das Museum des Ersten Weltkrieges, Filmausschnitte des Luis-Trenker-Films „Berge in Flammen", der allerdings größtenteils nicht hier, sondern in Studios gedreht wurde. Hier befinden sich auch ein Selbstbedienungsrestaurant und Toiletten.

Bernhard bemerkt Atemprobleme. Immerhin überwindet die Bahn 3.000 Meter Höhe in zwei mal drei Minuten. Wir machen eine Pause, essen eine Kleinigkeit. Freilich keine Offenbarung, aber doch eine Verschnaufpause zum Regenerieren. Später nehmen wir auch noch Anlauf auf die dritte Etappe zum Gipfel. So hoch war ich noch nie auf dem Berg. Auf einer

Aussichtsplattform versuche ich, mich zu orientieren. Die Form des Berges ist mir noch von frühen Ansichten geläufig. Eine Kuppe nannte sich damals „Sommergipfel", sie lag tiefer verschneit unter dem eigentlichen Gipfel und war mit dem Flächengletscher verbunden. Jenen Sommergipfel erreichten wir damals, in dem wir mit unseren Schuhen Serpentin-Wege in den Gletscher stießen und uns so nach oben arbeiteten. Es war strahlender Sonnenschein. Die Lippen hatten wir uns dick mit weißer sogenannter Gletschercreme eingestrichen. Und auf dem Sommergipfel öffneten wir zu den mitgebrachten Brötchen eine Flasche Bier für vier Personen. Es war ein tolles Gefühl, so über der weißen Pracht zu stehen. Über uns nur der Himmel. Es waren keine anderen Leute am Gletscher. Nur wir Vier. Auch für mich als Achtzehnjährige war das sehr beeindruckend, obwohl wir zwei Tage zuvor bereits den Piz Boe bestiegen hatten.

Der Sturz

Auf dem Rückweg jener Trampelpiste über den Gletscher geschah es dann. Heiner, der vor mir abwärts stieg, setzte sich auf den Hosenboden und rutschte johlend bis zur nächsten Serpentine bergabwärts. Ich fand das wohl nachahmenswert und machte es ihm ohne einen Gedanken über mögliche Konsequenzen nach. Das Resultat kann man sich vorstellen. Ich konnte nicht mehr bremsen. Und während ich an Heiner vorbeirutschte, versuchte dieser, mich aufzuhalten. Aber es gelang ihm nicht. Er warf sich über mich und wir trudelten wie ein flacher Kreisel gletscherabwärts bis zur Spalte. Ich war gerade vorne, als wir gegen die Kante der Spalte stießen; das war die Gehirnerschütterung, die mir vermutlich mildtätig den Schrecken ersparte, bewusst mitzubekommen, wie wir als Bündel Menschen rechts und links an die Spaltenwände anschlagend, in den Abgrund stürzten.

Wo ist der Gletscher?

Die meisten heutigen Bilder der Marmolata zeigen Winteraufnahmen. Unter Neuschnee vermisst wohl niemand diesen gewaltigen Gletscher. Auch der Bildband Dolomiten von National Geographic aus 2014 beschreibt den Gipfel der Marmolata als „Reich des ewigen Eises". Nun ja, die Autoren waren im März dort. Doch im Sommer sieht das vermeintliche Gletscherplateau aus wie eine Glatze, auf der einst weiße Locken prangten. Nirgendwo wurde mir der Klimawandel so bewusst wie auf diesem Gipfel. Der Gletscher ist weg. Meine Spalte soll 48 Meter tief gewesen sein. Und heute gibt es diese Spalte nicht, weil das Eis weggeschmolzen ist. 48 Meter abgetaut in einem Menschenleben. In jedem Jahr mehr als ein Meter? So erfreulich es ist, dass heute niemand mehr in diese Gletscherspalten fallen kann, so enttäuschend ist der graue Felsboden, der heute wie ein platt geschürfter Totenacker unter dem Gipfel liegt. Hatte ich wirklich geglaubt, in jene Gletscherspalte blicken zu können? Ja. Niemand wird mich verstehen, mit welchen Ängsten ich mich zu dieser Reise aufmachte.

Wir fahren weiter zum Fedaia-Stausee. Die alte Seilbahn Funivie Fedaia (14,50 Euro) fährt noch. An ihrer Bergstation begann damals meine Gletschertour.

Wir fuhren mit Einzel-Sesselliften hoch zur Bergstation, die noch die gleiche zu sein scheint; vielleicht ein bisschen renoviert. Von dort aus machten wir uns auf zur Gletschertour. Aber was ist das für ein merkwürdiger Lift? Statt Sitzsesseln fahren nun kleine Käfige auf den Berg, in denen man nur stehen, aber dafür viel sehen kann. Zum Einsteigen muss man sich im Abstand von einem Meter hintereinander anstellen.

Sobald der erste in den Käfig eingesprungen ist, folgt der zweite Passagier und ein Helfer schließt das Gittertor. Vorteil ist, dass man nun wirklich rund-sehen und -fotografieren kann. Erstaunlich, wie viele Hunde da mitfahren, meist auf dem Arm ihres Menschen. Mit dieser Bahn kommen wir unterhalb des ehemaligen Gletschers an. Auch von hier sieht es nicht interessanter aus, ragt uns eine graue Glatze entgegen. Kaum Vegetation? Wandert hier jemand? Meine Erinnerungen kommen ins Schleudern. Wie war das damals?

Daran, dass man uns mit einem Seil um den Bauch hochgezogen hatte, besitze ich nur noch bruchstückhafte Erinnerungen. Eine ist, dass ich hierbei immer mit dem Kopf an den Spaltenrand schlug, über den ich gezogen werden

46

sollte. Erst als einer der Retter zu mir herunterkam und mir über den Spaltenrand hinweghalf, kam ich auch wirklich oben an. Ob ich mir die Stirn dabei aufgeschnitten habe oder beim Sturz in die Spalte, weiß ich nicht mehr. Man konnte jedenfalls noch nach Jahren eine Narbe sehen. Und wenn ich heute die Stirn runzele, sind an dieser Stelle die Querfalten unterbrochen.

Der Unfall war gegen 16 Uhr. Es war September und wurde schon früh dunkel. Ich kann mich erinnern, dass ich auf einer Trage lag und beim Flackern von vielen Fackeln über den Gletscher hinunter zur Bergstation getragen wurde. Über Stunden dauerte dieser Zug der zehn Retter, vier jeweils an einer Trage. Noch körperlich spüre ich, wie unsere Helfer im Geröll immer wieder strauchelten, aufschrien, fluchten und sich neu ordneten auf diesem mühsamen Weg zur Seilbahn. Aus heutiger Sicht gerieten sie nun selbst in die gefährliche Situation, nicht nur auf die Verunglückten, sondern auch auf ihr Überleben achten zu müssen. Ihre Angehörigen, die zuhause auf sie warteten, ertrugen die Angst um ihre Lieben sicher viel schmerzlicher, als ich, die nur herumlag und keine Schmerzen hatte. Ich war wohl immer wieder ohnmächtig und deshalb nicht in der Lage, Angst zu entwickeln.

Eine starke Erinnerung blieb mir jedoch unvergesslich: Ich sah über mir den Sternenhimmel. „Du fliegst ja schon", war so ein Gedanke, den ich nie vergessen habe. Es war ein dunkler Himmel mit unsäglich vielen Sternen, unter dem sich meine Trage bewegte. Ich realisierte, dass meine Trage auf einem Sessellift festgebunden war, der mich zu Tal fuhr. Ich weiß nicht mehr, ob ich Angst empfand, mit samt der Trage in den Abgrund zu stürzen. Aber alleine die Frage danach lässt mich ahnen, dass es wohl so war. Lodovico bestätigte mir einen Tag später, dass es tatsächlich Einzel-Sessellifte waren, auf die sie unsere Rettungstragen festgezurrt hatten, um ins Tal zu kommen.

Penia die Canazei

Auf dem Weg nach Canazei kommen wir auch durch Penia di Canazei, wo wir damals übernachteten: Der Ortsteil auf 1.555 Metern Höhe dient als Ferienort für Sommer und Winter. Durch den Ort, heute mit Umgehungsstraße, fließt der Avisio von der Marmolata kommend das Fassatal hinunter in den Lago di Soraga der später in die Etsch mündet. Penia grenzt an Alba und Alba an Canazei anschließt. Weitwanderer landen hier auf der berühmten Via

Alpina. Der Wanderpfad durchquert die Alpen von Osten nach Westen.

Ich kann mich noch gut erinnern, dass der Gasthof Post aus dieser Richtung auf der linken Seite der Hauptstraße lag. Der Ort kommt mir heute viel größer vor. Er ist vermutlich auch gewachsen. Die „Post" jedoch finde ich nicht. Vermutlich ist sie renoviert, das Fachwerk verputzt oder sonst wie durch andere Häuser zugestellt oder ersetzt worden. Ich muss Lodovico danach fragen.

In Alba lese ich auf der rechten Seite „Hotel Fedaiasee" und erinnere mich, hier soll der Leiter der jetzigen Bergwacht Gino Comelli wohnen. Ich steige in die Eisen, suche einen Parkplatz und wir gehen ins Hotel. Sprachprobleme. Meine Italienischkenntnisse sind zu spärlich und meine Gegenüber spricht kein Englisch. Aber sie deutet an, dass sie jemandem Bescheid sagen möchte. Es kommt aber nicht Gino Comelli, sondern eine Frau, die etwas Deutsch kann. Ich versuche, ihr zu vermitteln, dass wir den Namen von Gino vom Präsidenten der Südtiroler Bergwacht hätten. Sie sagt uns, dass Gino nicht im Hause sei, dass er aber auch kein Deutsch spräche und es kaum Verständigungsmöglichkeit geben könnte. Enttäuscht machen wir uns auf den Heimweg.

Angelo Pacher

Auf dem Heimweg nach Canazei und hoch zum Pordoi-Joch sehen wir endlich das Hotel Lupo Bianco und im Hintergrund, hinter einem ausgetrockneten Bachbett, das „Crêpes de Selva"-Ristorante von Angelo Pacher. „Crepes" ist Ladinisch und heißt so ähnlich wie Felsen oder Berg. Wir parken am Lupo Bianco und gehen die wenigen Schritte über eine Bachbrücke und hoch zum Haus von Pacher. Ein weißhaariger, weißbärtiger Mann meiner Größe begrüßt uns. Er sieht aus wie ein Seemann. Als ich mich auf Italienisch vorstelle, strahlt er. Er weiß wer ich bin. Aber das Deutsche fällt ihm schwer. Ich versuche mit meinen wenigen Italienisch-Brocken das Eis zu brechen.

Er erzählt, dass sein Sohn mit dem Paraglider abgestürzt und auch seine Frau gestorben sei. Wie lange das her ist, mag ich nicht zu ergründen. Aber dann zeigt er mir Fotos auf seinem Handy, dass er wieder geheiratet habe, eine gutaussehende gepflegte Dame, die hier bei der Gemeinde gearbeitet habe. Er ist etwas älter als Lodovico, 77 Jahre. Dann ruft er seine Schwiegertochter an, die gut deutsch spricht. Ich erzähle ihr meine Geschichte; die sie aber schon kennt.

Sie wird ihm alles Weitere über mich erzählen. Er habe noch viel zu tun. Vor allem im Winter kämen viele Skiläufer bei ihm an. Ich berichte der Schwiegertochter, dass ich von Deutschland aus eine Spende an die hiesige Bergwacht schicken will. Da ich den derzeitigen Leiter nicht kenne, bitte ich sie, doch nachzuprüfen, dass dieses Geld auch für einen guten Zweck verwendet wird. Das verspricht sie mir. Nach einer herzlichen Umarmung machen wir uns mit Grazie und Arrividerci wieder auf den Weg zum Auto. Pacher scheint genauso gerührt, er kann das aber nicht mit Worten ausdrücken, die ich verstehen kann. Er winkt uns nach. Ich lasse ihm eine Übersetzung meiner Geschichte in Italienisch zurück. Auch die italienischen Zeitungsausschnitte von damals interessieren ihn. Ich habe sie ja zuhause auf dem Rechner.

Das geheimnisvolle Motorrad

Zurück im Hotel schauen wir uns im Foyer etwas genauer um. In einer Glasvitrine glänzt eine rote Moto Guzzi, mit der der Erbauer des Hotels, Tita Piaz, in den 40er Jahren Rennen fuhr. Tita (eigentlich Giovanni Battista Piaz de Pavarin) erbaute zusammen mit seiner Schwester Maria das Hotel Col di Lana im Jahr 1907. Aus patriotischen Gründen (berühmte Kämpfe am Col die Lana bei Arabba im 1. Weltkrieg) nannten sie es zunächst bescheiden „Touristenheim". Es ist übrigens bis heute in der Hand der gleichen Familie. Doch davon, vor allem über Tita Piaz, später mehr.

Besuch bei Lodovico

Heute wollen wir die Einladung von Lodovico Vaia in seine Hütte annehmen. Ab neun Uhr fährt die Seilbahn Funivia del Sass Pordoi direkt vor unserer Haustüre auf den 2.950 Meter hohen Sass Pordoi Der große Parkplatz füllt sich schnell, so dass wir unseren kleinen Fiat kaum noch finden. Über das Pordoi-Joch kommt man auf den Piz Boe, den ich 1966 zwei Tage vor der Marmolata mit meinen Berggefährten bestiegen hatte. Schon gestern grübelte ich, ob wir damals mit jener Seilbahn auf den Pordoisattel gefahren waren, um den Berg leichter besteigen zu können. Sie existiert seit 1962. Aber je länger ich mir die treppenähnlichen Trampelpfade durch die Almwiesen hoch zu den Geröllfeldern ansehe, umso sicherer bin ich mir, dass wir damals zu Fuß von ganz unten nach ganz oben unterwegs waren. Immerhin waren wir junge sportliche Leute; selbst meine Begleiter waren nicht älter als Anfang 30. Und in den Felsen waren Stahlseile verankert, an denen man sich an kniffeligen Stellen hochziehen konnte.

Das machen wir natürlich nicht. Wir haben auch gar keine Schuhe dafür mit, sondern steigen in die Seilbahn (19 Euro), die bis zu 65 Personen in vier Minuten über fast 700 Meter auf den Pordoisattel befördert. Sie war übrigens eine der ersten Seilbahnen in den Dolomiten, inzwischen natürlich modernisiert. Die Erbauer waren Titas Schwester Maria mit ihrem Sohn Francesco; da war Tita schon 14 Jahre tot und Maria 84 Jahre alt. Sie starb 1971 im Alter von 94 Jahren. Ihr zu Ehren heißt das Restaurant in der Bergstation „Rifugio Maria". Und als wir ankommen begegnen wir ihr in Form einer Bronzestatue, zum Andenken an eine der bedeutendsten Pioniere des Tourismus am Pordoi-Pass.

Vom Sass Pordoi öffnet sich ein weiter Blick auf die bizarren Dolomitenfelsen der gesamten Sella-Gruppe, auf Langkofel, Rosengarten und auf die Marmolata. Von weitem könnte man das schräge Plateau für den Gletscher halten. Dieser riesige Gletscher, der sich über zwei Drittel des Berges ergoss, ist weg. Auf Seite 10 gibt es ein Bild mit mir vom Gipfel des Piz Boe mit der Marmolata im Hintergrund. Das einzige Foto aus jener Zeit. Man sollte Donald Trump diese Bilder vor die Nase halten. Die dünne Eisschicht, die sich jetzt noch an den von der Sonne geschützten Fels krallt, kämpft ums Überleben. Es sind keine zehn Zentimeter mehr. Gras und Moos dringen durch die Eisschicht.

„Terrazza delle Dolomiti" nennen sich die oberen Regionen der Sella-Gruppe, ein beliebtes Terrain für Bergwanderer und Kletterer. Ein paar hundert Leute marschieren in alle Himmelsrichtungen; die meisten in unsere Richtung zum Rifugio (Hütte) Boe, wo Lodovico Hausherr ist. Früher hieß sie Bamberger Hütte, weil die deutschen Alpenvereine mithalfen, die Wanderreviere in den Dolomiten zu kennzeichnen, zu kartografieren und zu entwickeln. Doch seit dem sich die Bamberger Sektion aufgelöst hat, trägt Lodovicos Hütte den Namen des Gipfels, der von hier aus gut zu erreichen ist. Die Ausmaße so einer Hütte lassen uns später erstaunen. Vor allem, als wir von weitem die Spitze eines Baukrans erkennen. Doch davon später.

Wir identifizieren rot-weiße-Markierungen und spitz aufgetürmte Steinhaufen, die uns den Weg weisen. „Anfangs geht es ein bisschen nach unten", hatte Lodovico angekündigt, aber dann geht es einfach geradeaus. Huch. Von einem ehemaligen Bergführer sollte man konkretere Beschreibungen erwarten können. Tatsächlich ist es ein übles Gekraxel, bis wir die erste Etappe „nach unten" geschafft haben.

Am Rifugio Forcella Pordoi lächelt Bernhard noch sehr entspannt in die Kamera. Von hier aus sieht der lange Weg am Berghang entlang wirklich wie ein Spazierweg aus. Wir cremen uns erst einmal mit Sonnenschutz ein, denn es

gibt weder Baum noch Büsche, die Schatten spenden könnten. Auch die Pullover wandern in die Rucksäcke. Wir hoffen, das Schlimmste überwunden zu haben. Aber so ist es nicht. Die Strecke ist bespickt mit vielen Engstellen, über die man nur kraxeln und balancieren kann.

Gleich am Anfang rammt sich Bernhard einen

spitzen Stein in die Handfläche, die ich sogleich verpflastere. Danach trägt er Handschuhe. Auf einem kurzen Schneefeld strauchelt er und setzt sich Gottseidank in den weichen Schnee. Trotzdem merkt man ihm an, wie er Lodovico innerlich verflucht und sich selbst auch, dass er sich auf diesen Höllentrip eingelassen hat. Er war nie weder Wanderer noch Bergfex. Ich bewundere ihn, wie er das Beste aus der Situation macht und gehe bewusst vor, um ihm bestimmte Steigkombinationen vorzumachen. Wenngleich: Ich war ja auch Jahrzehnte nicht mehr in den Bergen, profitiere aber noch von ein wenig Steigerfahrung. Unser Schuhwerk ist trotzdem genauso, um sich hier beide Beine und die Knöchel zu brechen. Doch da müssen wir jetzt durch.

Am Ende des langen Weges hoffen wir, dass hinter dem Hügel die Hütte liegt. Einige vor uns klettern querfeldein, ohne Markierung und so, als wüssten sie, was sie tun. Wir vergessen die Wegmarkierungen und orientieren uns an den Vorausgehenden. Fatal. Damit landen wir in einer Felswüste ohne Weg, ohne Markierung, kreuz und quer und über Steinstufen, die aussehen, als habe ein Riese Bruchsteine mit einer Kantenlänge von wenigstens 80 Zentimeter hingeschüttet. Ein paar Stahlseile helfen, uns abzustützen und hochzuziehen. Das Ganze ist ein wilder Murks, dessen Ende auch nicht auszumachen ist. So langsam zweifle ich daran, dass wir überhaupt ankommen.

Doch dann öffnet sich eine Senke in der Art einer schlammgrauen Mondlandschaft und wir erblicken die Hütte. Der Standort nennt sich Col Turond und liegt 2.873 Meter hoch. Es ist ein richtiges Haus mit Terrasse, sicher 30 Meter lang und mit 80 Betten bevorratet. Davor ein Riesenkran, der helfen soll, das Ganze noch auf 110 Betten zu erweitern. Der Kran kam in Einzelteilen mit dem Hubschrauber hoch. Eine Tour damit kostet 300 Euro. Wäre das etwas für den Rückweg? Wir reden nicht darüber. Ich schaue auf die Uhr. Statt der avisierten Gehzeit von einer Stunde haben wir fast drei gebraucht.

Endlich: die Boe-Hütte

Schon von weitem erkennt uns Lodovico, als habe er heute mit uns gerechnet. Vermutlich erkannte er uns nur an unserer unprofessionellen Kleidung: Jeans, Plastik-Regenjacke, eher modischer Rucksack, keine Stöcke, wie sie die meisten Leute in der Hand haben und natürlich die Schuhe, mit denen wir über den gebirgigen Weg eiern. Die Wandermode von heute ist viel praktischer als unsere damals. Zu den klobigen, schweren Bergstiefeln trugen wir Kniebund-Hosen, gestrickte Kniestrümpfe und Popeline-Anoraks, die nur durch zusätzliche Imprägnierung ein bisschen Regen aushielten.

Die Hütte, ein zweistöckiges aus Bruchsteinen gemauertes Haus mit einem daneben stehenden, auch nicht gerade kleinen Kiosk, stammt in ihren Ursprüngen aus dem Jahr 1898. Im

Lauf des ersten Weltkrieges wurde sie 1921 zerstört und im Jahr 1924 neu errichtet. Seit 1992 arbeitet hier eine experimentelle Anlage zur Behandlung und biologischen Klärung von Abwasser. Es gibt hier Notschlafplätze für fünf Euro. Ein Bett mit Matratze und Decken kostet 26 Euro. Es wird sogar Halbpension für 54 Euro angeboten für Leute, die ein paar Tage herumkraxeln wollen. Vor allem: Der Weg zum Gipfel des Piz Boe zweigt hier ab. Mit 3.152 Metern ist er der höchste Berg und einzige Dreitausender der Sella-Gruppe. Die Tour über das Pordoi-Joch gilt als der bequemste Weg.

Lodovico begrüßt uns wie alte Freunde und führt uns in den Gastraum, nicht ohne vorher seinen beiden Töchtern und noch weiterem Personal zu erzählen, wer wir sind. Sie scheinen uns alle und vor allem meine Marmolata-Geschichte zu kennen. Wir fühlen uns sehr willkommen in der heimeligen Stube mit viel Holz und bekommen sofort die Speisekarte, die sehr Verführerisches, vor allem Bodenständiges anbietet. Polenta in vielen Variationen, Speckknödel und Pasta natürlich. Bernhards Miene klärt sich auf, als er „Kutteln" liest. Aber die sind leider aus. Es sind viele Leute hier. Der Gastraum ist voll und Lodovico scheint alle zu kennen, so wie er sie begrüßt und sie ihn. Eben Bergkameraden. Da gab es doch mal so ein Lied. Auf alle Fälle gibt es hier oben kein Sie. Ich weiß nicht mehr, was wir gegessen haben, Gulasch oder Würstel und Pilze, so aufgekratzt ist die Stimmung. Irgendetwas mit Polenta jedenfalls, die wie zwei Busen auf meinem Teller steht und von denen ich nur einen schaffe. Denn Lodovico hat uns einen interessanten

Gast an den Tisch gesetzt:

Willy Costamoling

Willy ist ebenfalls Bergretter, Extremkletterer, Paläontologe und vor allem der Begründer der Hubschrauber-Staffel, die heute alles ein bisschen leichter, wenn auch teurer macht. Er bewirtschaftet die Ski-hütte Punta Trieste hoch über Corvara, an der Nordflanke des Piz Boe und ist mit einer Freundin vorbei gekommen. Ein verwegener Typ wie Luis Trenker, wenn auch ein wenig zurückhaltender. Bekannt ist er hier und auch international, weil er als Höhlenforscher auf der Suche nach Mineralien und Fossilien am 23. September 1987 die höchstgelegene Höhle der Welt fand, 200 Meter lang, 100 Meter hoch. Noch vor hundert Jahren lag sie verborgen unter dem – doch nicht so ewigen – Eis.

Conturineshöhle

Sie liegt auf 2.800 Metern nordöstlich von Corvara und beherbergte vor 40.000 Jahren Höhlenbären und auch Höhlenlöwen, wie man an Knochenfunden datieren konnte. Zu deren Lebzeiten dürfte es aber wesentlich wärmer gewesen sein, denn jene Bären (ursus spelaeus ladinicus) waren Pflanzenfresser. Ein zehn Kilometer langer mittelschwer zu gehender hochalpiner Wanderweg führt von St. Kassian nach Armentarola und von da in die Capanna Alpina auf Steig 11 hoch zum Col de Locia. Bescheidene Aspekte von Costamolings Fund sind auch im Ladinischen Museum – Museo Ladin di Fascia – in Vigo zu bestaunen.

Lodovico, der als Hüttenwirt natürlich ständig in Bewegung ist, setzt sich mit einem Glas Weißwein zu uns. Okay, wir genehmigen uns auch einen Lagrein. Vielleicht beflügelt er unseren Heimweg. Ich komme zurück auf 1966. Wie war das damals? Wie habt Ihr Euch verständigt bei einem Unfall? Gab es eine Bereitschaft? Nein. Telefon gab es selbstverständlich schon, um die Leute zusammen zu rufen. Die haben dann ihre Arbeit hingeworfen und sind zur Unglücksstelle geeilt. Hunderte haben sie gerettet, trotzdem konnte die Hälfte der Abgestürzten nur noch tot geborgen werden. Diese

Einsätze waren damals alle umsonst. Auch uns hatte niemand eine Rechnung gestellt. Heute wird ein Teil der Kosten in Rechnung gestellt, wenn noch jemand existiert, der bezahlen kann. Noch etwas: Den Gasthof Post in Penia di Canazei hatten wir nicht gefunden. Lodovico und Willy lächeln: Der existiert nicht mehr.

Nicht immer ging es um Gletscherspalten, wenn die Bergwacht ausrücken musste, es waren auch Abstürze am Felsen oder in den letzten Jahrzehnten Paraglider, die gerettet werden mussten. Während Lodovico viel lacht, fühle ich mich still betroffen. Ich werde eine Spende nach unserer Rückkehr losschicken; 52 Jahre später. Ich lebe, weil mir diese Menschen uneigennützig zu Hilfe kamen. Ich hätte mich wirklich eher darauf besinnen können. Bloß gut, dass ich wenigstens noch zwei lebend angetroffen habe.

Lodovico mahnt zum Aufbruch. 15.00 Uhr. Er kann sich denken, dass wir heimwärts nicht wesentlich schneller sind. Und die letzte Seilbahn fährt um 17.00 Uhr. Er bietet Bernhard Stöcke an, die er dann im Hotel bei Lodovicos Neffen abgeben kann. Ursprünglich hatte ich tatsächlich mit einer Stunde Wegzeit gerechnet und schon gegrübelt, was wir wohl am Resttag noch unternehmen könnten. Mit den Stöcken kommt Bernhard jedoch schneller voran. Nach anderthalb Stunden sind wir an der Seilbahn und trinken erst noch einen Rotwein, bevor wir die Bahn um 16.45 Uhr nehmen. Mir eiern die Beine. Wir müssen Gott sei Dank nur die Straße überqueren zu unserem Hotel. Bernhard gibt die Stöcke an der Rezeption an. Wir schlafen ein wenig, bevor wir zum Essen gehen.

Tita Piaz

Seinem Schwarzweiß-Foto begegnen wir stets, wenn wir das Zimmer verlassen. Ein fescher Kerl zu seiner Zeit. Es berührt mich, dass er ausgerechnet in dem Jahr gestorben ist, als ich geboren wurde. Seiner Beerdigung im August 1948 wohnten Tausende von Trauergästen bei. Die Menschenkette habe von der Kirche San Giovanni in Vigo bis hinunter nach Pera (Ortsteil von Pozza) ins Dorfzentrum gereicht, lese ich in einer Chronik über die Familie Piaz und speziell Tita, dessen Ur-Enkeltochter Daniela heute noch abwechselnd mit Matteo Scuola an der Rezeption steht und den Gästen Wünsche von den Augen abliest.

Über die Familie Piaz existiert eine unveröffentlichte Chronik. Die Hommage eines gewissen Hans Jürgen Merkle, der just in diesem Jahr – also 2018 – den Erinnerungen seines ver-

storbenen Vaters Eugen Merkle nachrecher-
chierte und niederschrieb, was eng mit der
Entwicklung des Tourismus rund um das
Pordoijoch zu tun hat. Aufmerksam geworden
war er durch eine nach Jahrzehnten aufgefun-
dene Karte von Tita an Vater Merkle, auf dem
Pia durch die Blume ihre Zuneigung gestand.
Dem wollte er romantisch nachspüren, was
gewesen wäre, hätte sein Vater Pias Wink mit
der Zaunlatte ernst genommen.

Die Chronik handelt auch von der Familie Rizzi, deren verschiedene Generationen die Entwicklung des Tourismus im Fassatal entschei-
dend voranbrachten. Sie erzählt auch von den
Bernards und den Micheluzzis und immer wieder vom „Teufel der Dolomiten", Tita Piaz aus
Pera im Fassatal. Tita wurde 1879 geboren.
Eher links stehend, schloss er sich der Irreden-
ta an, eine italienische Nationalbewegung, die
das Trentino in Italien integrieren wollte. Dafür
wurde er im ersten Weltkrieg in eine Strafkolo-
nie versetzt und 1944 von den deutschen Besatzern mehrere Monate in Haft genommen.
Nach Besetzung der Alpen durch alliierte
Truppen wurde Piaz Bürgermeister und setzte
sich für die politischen Gegner von einst ein.
Vor allem engagierte er sich mit kirchlichen
Organen gegen die Armut im Tal.

Schon als kleiner Junge begann Tita mit dem Klettern. Im Verlauf seiner Karriere als Bergführer und Kletterer werden ihm heute 50 Erstbegehungen in den Dolomiten zugerechnet. Als Bergführer wurde er unter anderem dadurch berühmt, dass er mit dem belgischen König Albert I. die Erstbegehung der Preuss-Wand am Campanile Basso unternahm. Die herzliche Beziehung zum belgischen Königshaus wurde bis zu den Enkeln fortgeführt. Als Tita 1929 eine Berghütte am Fuße der Vajoletttürme erwarb, gab er ihr den Namen „Rifugio Albert I"; heute heißt sie auch „Gartlhütte"

Piaz entwickelte im Laufe seiner Karriere die sogenannte Piaz-Methode, das Abseilen mit doppeltem Seil. Die Erfindung wurde von Hans Dülfer bestritten. Die Methode wird darum auch als „Dülfer" und „Dülfer-Piaz" bezeichnet und ist durch die Einführung von Klettergurt und Abseilgerät außer Gebrauch gekommen.

1911/19121 kam es zum sogenannten „Mauerhakenstreit" mit seinem Freund Paul Preuss. Preuss postulierte, dass Seil und Mauerhaken nur für den Notfall als Sicherungsmittel eingeschlagen werden dürften. Piaz war dafür, dass sie als ständiges Sicherungs- und Fortbewegungsmittel zum Klettern dienen sollten. Piaz:

„Wir wollen lieber vier oder 20 Meter am sichernden Seil hängen, als dass die Raben im dunklen Abgrund Schmaus an unseren Leichen haben." Preuss verunglückte 1913 im Alter von nur 27 Jahren tödlich.

Piaz war in erster Ehe mit Marietta Rizzi verheiratet. Der Ehe entstammten die Töchter Olga, Pia und Carmela. Nach dem frühen Tod von Marietta heiratete Tita Maria Bernard; dieser Ehe entstammten die Jungen Furio und der im Kindesalter verstorbene Nereo. Es gibt einige Biographien von Piaz. Das angeblich schönste Buch über Piaz entstand 2018 von Alfredo Paluselli, leider nur in Italienisch „il diavolo generoso", der großzügige Teufel.

Tochter Pia erbte nach dem Tod des Vaters das Hotel Col die Lana, das ihre Enkeltöchter Nadja und Daniela heute noch führen. Fast fühle ich mich als Voyeur, wenn ich das Bild von Tita Piaz täglich mehrmals ansehe. Aber der Gesichtsausdruck fordert regelrecht dazu auf, mehr über sein Wirken und Leben erfahren zu wollen. Das Bild ist so frisch, als wäre es gestern fotografiert. Dabei ist Tita Piaz schon 70 Jahre tot. Der wagemutige Kletterer verstarb, nur wenige Meter von seinem Haus entfernt, an seinen schweren Kopfverletzungen durch einen Fahrradsturz.

Berge gucken

Der Parkplatz zur Pordoi-Seilbahn ist gerammelt voll. Es ist Sonntag. Der letzte Sonntag nach Ferrogusto, wo die Italiener noch einmal in Massen auflaufen. Schön, dass unser Fiat nicht zugeparkt ist. Aber selbst, wenn? Mit der kleinen Rutsche kommt man leicht raus und wieder hinein in einen Parkplatz. Wir wollen zur Civettá, zusammen mit Marmolata und Monte Cristallo (3.221 Meter) zählt sie zu den höchsten Gipfeln der Dolomiten. Dieses Mal nehmen wir gleich die richtige Abfahrt, die Serpentinen hinunter nach Arabba und dort im Kreisel Richtung Cortina d' Ampezzo. Unser heutiges Ziel ist Alleghe. Wir passieren den Col di Lana, ohne ihn zu sehen. Ab da bieten sich zwei Routenmöglichkeiten an: entweder auf der Hauptstraße nach Colle Santa Lucia oder eine Schlängelstrecke über Digonera und Laste. Beide treffen sich in Caprile. Von dort sind es nur noch vier Kilometer nach Alleghe.

Alleghe

Alleghe, etwa 1500 Einwohner, liegt auf einer Halbinsel im gleichnamigen See und gilt als touristisches Zentrum im Tal des Cordevole. 1771 verschüttete ein Felssturz vom Monte Piz drei Dörfer und staute den Fluss zum See. Heute spiegelt sich in ihm die Civettá, 3.218

Meter hoch. Wir hatten uns anlocken lassen von ihrer majestätischen Höhe und der Beschreibung eines Seerundweges von 1,5 Stunden mit „kaum Höhenunterschieden". (Insider-Tipp Marco Polo). Alles Theorie. Jener Seerundweg verläuft zu wenigstens zwei Dritteln auf dem Gehweg neben der vielbefahrene Autostraße. Eher durch Zufall und auf der Suche nach einer Parkmöglichkeit biegen wir beim Ortsteil Masara, an der südlichsten Spitze des Sees, von der Hauptstraße ab und finden ein einsames Wanderschild. Brav parken wir und machen uns auf den geteerten Weg. Er führt (steil (!) bergan und ist zumindest an diesem Tag stark frequentiert von Autos. Der See selbst liegt unter uns. Die eigentlichen Uferwege sind unzugänglich. Privatbesitz! Nach etwa zwei Kilometern kommen wir doch ans Wasser. Malerisch spiegeln sich Alleghe und die Civetta im See. Zu den schroffen Gipfeln sehen wir keine Seilbahn; auf der Landkarte ist jedoch eine Seilbahn zu erkennen, die allerdings nicht auf den Gipfel führt. Damit können Bergsteiger wohl ein Stück des Aufstiegs abkürzen.

Von Seeumrundung ist jedoch nicht viel zu sehen; der Uferweg mündet wieder auf eine Autostraße, an der man entlang gehen könnte. Aber dazu haben wir keine Lust. Wir finden ein Sitzplätzchen auf einem großen Stein und teilen uns einen Apfel. Zurück zum Parkplatz suchen wir vergeblich in Alleghe eine Einkehrmöglichkeit. Alle Parkplätze besetzt. Also fah-

ren wie wieder Richtung Caprile und finden gleich nach einem Kilometer den Wallfahrtsort Santa Maria delle Grazie. Jenseits des Flusses Cordevole. Ein paar Mönche in braunen Kutten wuseln umher. Vor einem Albergo neben der Kirche stehen zwar viele Tische und Stühle, aber zu Essen gibt es nichts. Cappuccino? Si! Zusammen 3,60 Euro. Später lesen wir, dass es hier ein Madonnen-Gelübde gegeben habe, das vor Erdrutschen und Überschwemmungen durch den Cordevole schützen sollte. Der heilige Bereich bestehe aus einem alten Gebäude aus 1645 und der Kirche aus 1954.

Zum Cristallo und den Drei Zinnen

Wir fahren zurück nach Caprile und schlagen die Richtung Pass Falzarego (2.105 Meter) ein. Wie zu warten: viele, viele Serpentinen. Cortina d'Ampezzo hinterlässt keine Begeisterung für Autofahrer. Olympia-Austragungsort (1956) hin oder her. Angeblich sei es der schönste aller Ferienorte der Ostalpen, sogar „die Königin der Dolomiten". Okay; der Monte Cristallo, dieses mächtige Gebirge mit vielen Gipfeln, sieht schon beeindruckend aus. Aber die Beschilderung und die Straßenführung im Ort bringen uns zur Verzweiflung. Hätten wir nur unser mobiles Navi mitgenommen. Wegen des Labyrinths von Abzweigungen fahren wir mehrere identische Ortsrunden bis wir endlich die Regionalstraße 48 finden. Hier wird viel umgebaut. Schließlich soll 2021 die Ski-Weltmeisterschaft stattfinden. Man möge uns verzeihen, dass wir nicht mehr auf den Ort eingehen. Wir suchen die Drei Zinnen. Schon nach wenigen Kilometern erblicken wir zumindest zwei der Drei Zinnen über dem Misurinasee.

Die Drei Zinnen

Wir lesen: eines der Klischeebilder der Dolomiten. Ja. Stimmt. Viele, viele Menschen tummeln sich an den Ufern, in deren Seefläche sich die zwei der Drei Zinnen spiegeln. Eine Mautstraße für 30 Euro erlaubt die Auffahrt mit dem Auto bis zum Refugio Auronza. Dort kann man auch richtig Urlaub machen. Sie haben 104 Betten auf Doppel- und 6-Bett-Zimmer verteilt.

Die Auronzo Hütte, Ausgangsort für viele Bergtouren, liegt auf 2333 Metern Höhe am Fuße der Drei Zinnen. Sie wird von Ehrenamtlichen des Alpenverein Auronzo bewirtschaftet. Es sind hauptsächlich junge Männer, die wir antreffen. Der enge Parkzeile unter der Hütte ist voll bis auf den letzten Platz. Der herrlich weite Blick auf den Monta Cristallo, auf den Zwölferkofel und bis zu den Karnischen Alpen ist überwältigend.

Ein Höhenweg der zwölf Klettersteige

Gerade in diesen Wochen wurde er eingeweiht von Reinhold Messner; 100 Jahre nach dem Ende des Ersten Weltkrieges, über weite Strecken folgt er dem Weg der Front des blutigen Gebirgskriegs. An den Drei Zinnen standen sich Soldaten 50 Meter entfernt gegenüber: italienische Alpini am Sextner Stein, österreichische Kaiserschützen am Toblinger Knoten. Manchmal finde man noch verrosteten Stacheldraht oder gar eine Handgranate. „Dolomiten ohne Grenzen" heißt das Projekt, das von der EU gefördert wurde ein Höhenweg mit zwölf Klettersteigen über eine Strecke von mehr als 100 Kilometern in den Grenzgebieten zwischen Italien und Österreich. Zwei Länder, die sich wegen der Afrika-Flüchtlinge eher um Abgrenzung bemühten, als sie 2016 den Brenner schlossen. Zur Eröffnung flatterte die Regenbogenfahne „Pace".

Die Sicht ist berauschend. Man könnte die Welt vergessen bei diesem Anblick. Aber eigentlich ist es nur Bernhards Jacke, die uns fehlt. Upps, die hat er wohl in Santa Maria delle Grazie beim Cappuccino vergessen. Ich bitte einen jungen Baristo auf Englisch, dort im Albergo anzurufen, ob man die Jacke gefunden habe. Dank Skontrino (das Bei-sich-Tragen der Verzehrquittung ist in Italien Pflicht) haben wir die Telefonnummer. Ja, die Jacke wurde gefunden. Während wir uns einen Apfelstrudel teilen und die herrliche Aussicht auf die Gebirge um uns genießen, überlegen wir, ob wir wirklich zurück fahren sollten. Die Jacke ist nichts Wertvolles, aber ohne Jacke ist es auch nicht gut. Weil es um diese Jahreszeit noch lange hell ist, entscheiden wir uns dafür, die Jacke zu holen. Wortlos kommt Bernhard mit seiner Jacke aus dem Albergo. Wir kurven zurück nach

Cernadoi, weiter auf der 48 wieder Arabba und zu unserm Hotel.

Das Restaurant vom Col die Lana bietet direkten Blick auf den Langkofel und den Plattkofel. Bei guter Sicht könnte man vielleicht sogar den Rosengarten sehen. Begeistert von diesem Anblick gehe ich noch einmal vor die Türe. Der Parkplatz ist so gut wie leer. Nur am Fuße eines Ausläufers des Col die Lana stehen in Reih und Glied wenigstens 20 Homemobile. Sie standen bisher jeden Abend hier. Einige Gäste kommen ins Restaurant zum Essen. In anderen spielen sie wohl Karten oder rauchen vor dem Gefährt. Es sind alles italienische Nummernschilder, wobei das nichts über die Herkunft der Camper sagt.

Das Col di Lana bietet jeden Abend ein Drei-Gang-Menü an. Niemand ist beleidigt, dass wir immer nur etwas aus der kleinen Karte bestellen, Dinge wie Kartoffelsuppe, Gemüsesuppe, Nudeln mit Nüssen, Capriccio, aber auch Lammsteaks oder ein Filetsteak, das, in Streifen geschnitten, unter einem Berg von Rucola und Parmesanspänen liegt. Es scheint hier üblich zu sein, dass man Steaks nicht im Ganzen, sondern tranchiert serviert.

Getränkemäßig haben wir uns auf den Lagrein eingetrunken. Der Kellner fragt nur noch, ob es Lagrein sein dürfe. Dazu eine Flasche Aqua minerale; gasata, deren Rest wir stets mit aufs Zimmer nehmen. Wir sitzen jeden Tag am gleichen Tisch, auf dem ein Aufsteller mit der Nummer unseres Zimmers steht. 101. „Centouno", übe ich immer wieder italienische Zahlen und Uhrzeiten. Zum Beispiel Frühstück (Collazione) dalla sette e mezzo (von 7.30 Uhr) alla nove e mezzo (bis 9.30 Uhr).

Erfreulich, dass wir deutsches Fernsehen empfangen können. Anfangs hatten wir nur bis Kanal 250 durchgeklickt. Tipp vom Personal, die deutschen Sender beginnen erst bei 400. Außer Erstem und Zweitem empfangen wir jetzt sogar unseren Lokalsender, Hessischer Rundfunk. Nur leider passt in unser kleines Zimmer nur ein Stuhl. Also zum Fernsehen und zum Lesen ins Bett. Matteo Scuola sagt uns, wir hätten uns gleich melden sollen. Er wollte uns nicht höher als im ersten Stock unterbringen. Freilich gebe es größere Zimmer.

Besuch bei der Bergwacht in Alba

Lodovico sagte uns, dass wir den Leiter der Bergwacht heute in Alba treffen können. Gino Comelli macht das bereits seit 1990. Er würde uns gerne kennenlernen. Wir sind gespannt und fahren los. Spätestens in Arabba merken wir, dass dieses wieder die falsche Abfahrt vom Pordoi-Pass war. Und die Landkarte haben wir auch im Hotel vergessen. Es ist wie es ist: Ein Pass hat in der Regel immer zwei Auf- beziehungsweise Abfahrten. Und diese hier ist definitiv die falsche. Weil wir ja nach dem Besuch bei Gino Comelli weiter fahren wollen, geht es also zurück zum Hotel und die Landkarte geholt. Dann also Neustart in Richtung Sella-Joch. Nach 6,5 Kilometern teilt sich die Serpentinen-Straße: rechts zum Sella-Joch und links nach Canazei. Da haben wir wirklich vier Tage benötigt, um diese Feinheit herauszubekommen. Peinlich.

Etwa acht Kilometer sind es nach Alba di Canazei. Eine Adresse haben wir nicht, nur: am Ortsanfang. Upps. Von Canazei aus oder ab Penia? Wir fahren erst nach Penia, wenden und suchen hier das angeblich moderne Gebäude, in dem auch die Ambulanz Weißes Kreuz und die Feuerwehr untergebracht seien. Nix. Ich frage in Alba im Touristikbüro nach? Die wissen es auch nicht. Aber die freundliche Dame vom Büro fragt nebenan beim Bäcker. Und der weiß es. Mit Händen und Füßen verständigen wir uns. Herauskommt: Ein großer Parkplatz

mit Autos rechts, Feuerwache auf der linken
Seite am Ortsende. Okay! Der Parkplatz mit
den Autos ist eine Kfz-Werkstatt. Und tatsächlich, gegenüber finden wir die Feuerwache.

Eine Glocke gibt es nicht. Erst landen wir bei
der Feuerwehr und werden weitergeschickt zur

nächsten Türe. Innen treffen wir einen Mann, der Gino Comelli Bescheid sagen will.

Wir sehen uns im Vorraum um. Da lehnt eine altertümliche Trage aus Stoffbahnen und Holzstöcken an der Wand. Wie wir später erfahren, ist das eines jener Exemplare, mit dem wir damals bei Fackelschein und später auf dem Sessellift ins Tal befördert worden waren.

„Si, Cinquanta ani", 50 Jahre alt. Dann zeigt uns Gino Comelli, die 64 Jahre sieht man ihm nicht an, wie heute aus Gletscherspalten gerettet wird. Da wird ein Dreibaum über der Spalte aufgebaut mit einem Flaschenzug, der Verunglückte nicht mehr seitlich über den Rand rupft, sondern mittig und auf einer Trage hochlupft. Wir erfahren, dass seit Bestehen der hiesigen Bergwacht im Jahr 1952 immerhin 1.025 Menschen unversehrt gerettet wurden, 1404 verwundet und 176 nur noch tot geborgen.

Auch wir, Heiner und ich, hätten tot sein können. 48 Meter sind so tief oder so hoch wie ein durchschnittlicher Kirchturm. Wären wir nur zu zweit gewesen, hätte uns vielleicht die Wirtin aus der Post am nächsten Morgen als vermisst melden können. Aber wusste sie, wohin wir an diesem Tag wollten? Wäre es aufgefallen, wenn am Fedaia-Stausee ein deutsches Auto über Nacht stehen geblieben wäre? Und vor allem: Wie viele Gletscherspalten gab es damals? Nicht alle waren von oben zu sehen, wie die unsrige. Gletscherspalten sind, wie wir aus Expeditionsfilmen wissen, auch mal mit Neuschnee bedeckt, so dass man die Risse erst bemerkt, wenn der Untergrund nachgibt.

Ich bitte ihn um die Kontoverbindung der Bergwacht. Weil er entweder den Kopierer nicht findet oder der aus irgendwelchen Gründen gerade nicht kopieren kann, reißt er mir mittels Lineal von einem Schriftstück die Bankverbindung ab. Egal. Ich bin wild entschlossen, wenigstens 500 Euro zu spenden. Und dann schenkt er mir ein dickes Buch, eine Jubiläumsausgabe zum 60sten Bestehen der Bergwacht „Alta Val di Fassa" (hohes Fassatal) ein historisches Lesen durch Erinnerungen, Briefe, Beiträge und Dokumente von 1950 bis 2010. Gewidmet den Freiwilligen der Bergrettung, die ihre helfende Hand denen reichen, die

in den Bergen in Not geraten und im täglichen Leben wissen, wie man zusammen hält. Ich bin mir bewusst, dass ich Teil dieser historischen Geschichte bin, auch wenn sich mein Rettungsbericht nicht darin befindet. Sehr oft finde ich das Wort "Morti" in den handgeschriebenen Berichten. Morti bedeutet, dass dieser Mensch nur noch tot aufgefunden wurde. 1964 – Ein Paar aus Braunschweig: lebend. Ein Paar aus Mülheim und Bremen: Morti.

Ich finde im Buch Lodovico Vaia im Jahr 1967 als jungen Mann, damals 23 Jahre, also ein Jahr, nachdem er bei meiner Rettung mitgewirkt hatte. Auch in Kniebundhosen und gestrickten Kniestrümpfen wie wir damals. Ach wäre nur mein Italienisch besser, um in dem Buch mehr zu lesen. Die Hälfte davon ist auch noch auf Ladinisch geschrieben. Ich entdecke Lodovico auf einem weiteren Bild im karierten Hemd und blauer Latzhose, die wohl schon Bergausrüstung gewesen sein mag. Ein strahlender lustiger Kerl mit wilder Lockenpracht und Zigarette in der Hand. Wenn es keine Namensgleichheit ist, finde ich seine Tochter Milena, Jahrgang 1971, in der ewigen Liste der Retter. Erst in den 80er Jahren kam die Bergrettung per Hubschrauber dazu. Ich finde Bilder aus den 90er Jahren, wo der Rettungsschlitten über den Gletscher gezogen wurde und aus Anfang des 21. Jahrhunderts, als das Dreibein über einer Gletscherspalte errichtet wurde. Da waren also noch Reste des Gletschers vorhanden.

Wetter für den Rosengarten?

Wir fahren nach Canazei. Hier leben etwa 1900 Einwohner. Auf Deutsch Kanzenei. Ein richtiger Touristenort mit Hotels und riesigem Campingplatz. Entlang der Hauptstraße reihen sich zudem jede Menge Souvenirläden, Eisdielen, Cafés und Sportgeschäfte. Bernhard ist wild darauf, sich Wanderstöcke zu kaufen. Sie sind vermutlich hier unter Touristensteuer besonders teuer, aber vielleicht auch besonders professionell. Sie sollen stabil sein, sich aber als Teleskop möglichst kurz zusammen schieben lassen. 90 Euro, herabgesetzt von 120 Euro. Mal sehen, wie oft er sie benutzt.

Ein Supermarkt bringt uns auf die Idee, für unsere Haushüter Souvenirs einzukaufen, die man möglichst aufessen kann. Wir finden getrockneten Hirschschinken, Rinderschinken und eine zu Würsten abgepackte Kräutersalzmischung mit getrockneten Pilzen. Dann machen wir uns auf zum Rosengarten. Dazu geht es durchs Fassatal zum Karerpass.

Das Rosengarten-Gebirge erstreckt sich in Nord-Süd-Richtung zwischen der Schlerngruppe und dem Karerpass. Es gehört teilweise zum Naturpark Schlern-Rosengarten und seit 2009 auch zum, von der UNESCO geschützten, Welterbe Dolomiten. Man sagt, dies sei:

Das mythische Reich von König Laurin.

Nach volkstümlicher Überlieferung lag im „Gartl", ein Schuttkar zwischen Rosengartenspitze, Laurinswand und Vajolettürmen, der wunderschöne Rosengarten des Zwergenkönigs Laurin. Als der König an der Etsch seine schöne Tochter Similde vermählen wollte, wurden alle Adeligen der Umgebung als Kandidaten eingeladen, nur nicht König Laurin. Dieser beschloss daraufhin, mit Hilfe seiner Tarnkappe als unsichtbarer Gast teilzunehmen. Als er Similde sah, verliebte er sich sofort in sie, setzte sie auf sein Pferd und sprang mit ihr davon. Unter Führung von Dietrich von Bern wurde er bis zum Rosengarten verfolgt. König Laurin band sich einen Wundergürtel um, der ihm die Kraft von zwölf Männern verlieh, und stellte sich dem Kampf. Als er sah, dass er trotz allem verlor, zog er sich die Tarnkappe über und sprang, unsichtbar wie er nun zu sein glaubte, im Rosengarten hin und her. An den Bewegungen der Rosen kamen ihm aber die Ritter auf die Spur. Sie erwischten ihn, zerstörten seinen Zaubergürtel und nahmen ihn gefangen. Daraufhin belegte Laurin den Rosengarten, von dem er sich verraten fühlte, mit einem Fluch. Weder bei Tag noch bei Nacht sollte je ein Mensch wieder die Rosen sehen und sich an ihnen erfreuen. Er hatte jedoch die Dämmerung vergessen. Und so kommt es, dass der Rosengarten bei Sonnenauf- und untergang zu blühen scheint. Quelle: Wikipedia

Es gibt noch eine andere Geschichte. Danach fand der Prinz von Latemar beim Wandern mitten in rauem und felsigen Gelände den Rosengarten von König Laurin. Dort begegnete er dessen Tochter Ladinia; er verliebte sich in sie und begehrte sie zur Frau. Weil Laurin das nicht wollte, entführte der Prinz das Mädchen und Laurin verfluchte seine Rosen, dass sie niemals mehr, weder am Tag noch in der Nacht, blühen dürften.

Höchster Gipfel der Rosengarten-Gruppe ist der Kesselkogel mit 3.004 Metern. Am bekanntesten als Kletterberge sind die sechs Vajolettürme, eine bizarre Felsformation im Zentrum der Rosengartengruppe. 1913 errichtet Tita Piaz eine Hütte und benannte sie nach dem Kletterer Paul Preuss, der im gleichen Jahr abgestürzt war: Rifugio Preuss. Sie wird noch heute von Ivo Piaz geführt. Um die Vajolettürme liegt auch das Refugium Re Alberto in 2.621 Metern Höhe. Pia Piaz, Tochter von Tita, leitete die Hütte nach dem 2. Weltkrieg bis 1970. Fünf Jahre später starb sie.

Leider trübt sich das Wetter ein. Wir sehen um

uns zwar wilde Felsen, doch das namensge-
bende Bild des Rosengartens zeigt sich, wie wir
lesen, erst in der Abendsonne und von weitem.
Es war vermessen, ohne Vorbereitung hierher
zu fahren und zu hoffen, das Bergmassiv würde sich fotogen offenbaren. Im Naturpark of-
fenbart sich die
Vielfalt der Flo-
ra. Nicht um-
sonst heißt es,
dass zwanzig
Pflanzen den
erforderlichen
Sauerstoff für
eine Person lie-
fern. Hier kom-
men auf jeden
Bewohner 2.000
Bäume. Also
suchen wir uns
ganz bescheiden
ein nettes Res-
taurant, was wir

auch gleich in Tiers-Weisslahn finden. Die Sä-
gemühle Tschamin Schwaige offeriert frische
gegrillte Gebirgsforelle. Dazu spricht der Wirt,
ein Tiroler, virtuos deutsch. Und so kuscheln
wir uns unter seiner Holzlaube und genießen
den Fisch und ein Viertel Wein zusammen.

Durchs Grödner-Tal

Die Rückfahrt ist mehr eine Erinnerungs-Gedächtnistour für meine Eltern. Vorbei an der Seiser Alm, wo sie in den 60er Jahren ihren einzigen richtigen Urlaub verbrachten und sogar Luis Trenker trafen, durchfahren wir die Heimat der Südtiroler Volksmusik. Arthur Schnitzler habe hier Teile seines Stücks „Das weite Land" verfasst, lese ich später in einem Kunst-Reiseführer. In Seis sehen wir am Wiesenhang die Kirche St. Valentin im Schatten der riesigen Wände von Schlern und Sandtnerspitze. In ihr befinden sich Wandmalereien aus dem Ende des 14. Jahrhunderts; Bozner Schule unter veronesischem Einfluss.

Nur zu Fuß ist von hier die Burgruine Hauenstein zu erreichen, Sehnsuchtsort für Verehrer des Dichters und Minnesängers Oswald von Wolkenstein. Er galt als markanteste Erscheinung des deutschen Rittertums des Spätmittelalters. Seine tragische Liebe zu Sabina Jäger ist in seinen Minnegesängen verankert. Das Weib schickte ihn zur Probe seiner Liebe nach Jerusalem und heiratet derweil einen reichen Kaufmann. Ob die Geschichte wahr ist oder ob er sie erfunden hat und damit den Mitbesitzer der Burg Hauenstein, ein gewisser Martin Jäger, nur ärgern wollte, weil der auch eine

Tochter besaß, bleibt heute der Fantasie überlassen. Überliefert ist, dass Jäger Wolkenstein gefangen nehmen und foltern ließ.

Wir quälen uns im Feierabendverkehr durch Kastelruth, wo wir heftig über die Kastelruther Spatzen ablästern; dann folgen Sankt Michael und Sankt Ulrich, woher Luis Trenker stammt. Die Berge erscheinen hier viel zahmer, lieblicher als rund um die Marmolata. Erst bei Wolkenstein, dem höchst gelegenen Dorf im Grödner-Tal an der Westflanke der Sella-Gruppe, geht es wieder steil hoch zum Sella-Pass. 1970 fand hier die Ski-Weltmeisterschaft statt. Die Saslong (ladinisch Langkofel) - Abfahrt von Ciampinoi hinunter nach St. Cristina gehört heute neben Kitzbühl (Streif) und Wengen (Lauberhorn) zu den Klassikern im Weltcup. Die Fahrt durchs Grödner-Tal soll zugleich ein Test sein, ob wir am letzten Tag nach Bozen wieder durchs Fassatal zurück fahren oder durchs Grödner-Tal. Das Grödner-Tal ist, wenn man die Serpentinen des Sella-Jochs überwunden hat, sicher schneller zu fahren als das Fassa- und das Eggental. Die letzten 20 Kilometer wären dann nur noch Autobahn. Wir werden uns noch wundern.

Die Gipfel im Licht der Abendsonne locken mich noch einmal auf die Hotelterrasse. „Hallo

Ute" höre ich es rufen. Lodovico kommt von der Seilbahn. Ich winke zurück zu frage: „Was machst Du hier?" Er müsse zu seiner Frau. Er hatte davon erzählt, dass sie krank gewesen sei. Ich will aber kein Schrei-Gespräch über die Straße beginnen; er ist auch in Begleitung einer jungen Frau? Seine Tochter? Ich werde ihn später fragen, ob alles in Ordnung sei, wenn ich ihm Fotos zumaile.

Heute wollen wir uns Canazei ein bisschen widmen. Aber so sehr wir uns mühen, wir finden keinen erlaubten Parkplatz. Der Großparkplatz an der Seilbahn ist voll. Nahezu eine Stunde drehen wir hier, zusammen mit weiteren Autofahrern, unsere Runden in der Hoffnung, dass jemand wegfahren könnte. Dann fahren wir wieder auf die Hauptstraße und zurück an den Ortsrand von Alba. Tatsächlich gibt es hier am Torrente Avisio mehrere Parkplätze und einen ordentlichen Fußweg am Wildbach entlang nach Canazei. Hier sind an beiden Ufern viele Fußgänger und Radfahrer unterwegs. Der Weg führt hinter Canazei weiter nach Campitello, Pozza und Vigo.

Im Tourismusbüro finden wir an aktuellen Infos, lediglich einen Prospekt über das neue Museum von Reinhold Messner im alten Fort auf dem Monte Rite zwischen Pieve di Cadore und Cortina d'Ampezzo. Es wäre ja interessant, aber wir scheuen den kurvenreichen Weg über den Falzarego-Pass und vor allem die chaotische Durchfahrt von Cortina d'Ampezzo. Schließlich sind wir ja wegen der Marmolata gekommen.

Stattdessen erklimmen wir die 40 Stufen zur

Kirche Sacro Cuore, das Kirchlein aus 1935 wurde erst 2009 renoviert und mit futuristischen Fensterbildern versehen. Im Bogen des Hochaltars verewigte sich der Kunstmaler Bruno Colorio (was für ein Name für einen Maler) mit dem Letzten Abendmahl. Der Altar besteht aus zwölf rosafarbenen Dolomitsteinen vom Piz Boe. Auf dem Weg zurück zur Straße passieren wir einen Kindergarten, wo die Kleinen gerade im Freien Mittag essen. Bernhard schäkert mit einem kleinen Mädchen, das durch die Stäbe des Terassenzauns winkt.

Der Himmel verdunkelt sich. Es sieht nach Regen aus. Zum einen ist es ja angenehm, dass nach den heißen Tagen etwas Ruhe für unseren

Kreislauf einkehrt; aber nass wollen wir auch nicht werden. Wo bitte bekommen wir einen Snack, der kein Touristenfraß ist? Pizzerien gibt es hier zum Abwinken. Aber das ist ja okay. Schließlich befinden wir uns in Italien. In einem Terrassen-Café mit riesigen Schirmen werden Bruschettas angeboten; aber nicht so kleine getoastete Brötchen, sondern fast pizzagroße ovale Scheiben aus geröstetem Weißbrot und nach Wunsch belegt mit Tomatenmus, Thunfisch, Käse, Salami, gegrilltem Gemüse. Einfach lecker. Und nicht mal teuer.

Ich bin froh, dass ich nicht aus Versehen ein Hotel mitten in Canazei gebucht habe. Ich hatte ja noch das Canazei von vor 52 Jahren im Gedächtnis und damals ging es im September ziemlich betulich zu. Heute braucht es zwei Verkehrspolizisten, die die Verkehrsströme leiten und den Fußgängern freies Geleit über die Straße verschaffen. Canazei ist auch ein Hauptort, wo man sein Auto stehen lässt, um zu wandern. Zum Beispiel fährt mitten im Ort die Seilbahn nach Pecol. Von dort führt eine weitere Seilbahn zum Col die Rossi, von wo man zu Fuß ins Avisio-Tal zurück kehrt.

Es reicht uns in Canazei. Wir suchen den Einstieg in unseren Weg am Avisio. Die dunklen Wolken ziehen vorbei und wir machen noch eine kleine Rast in einem Picknick-Areal unter hohen Bäumen am Bach. Wie gut die Luft hier ist, weit weg von der Autostraße. Und das Rauschen des Wildbachs vermittelt ein Gefühl, als säßen wir mitten in einem Heimatfilm von Ludwig Ganghofer. Ach ja, damit hatte ich mich schon in sehr jungen Jahren infiziert. Daher wohl auch die Liebe zu den Bergen.

Von Matteo Scuola im Hotel hatten wir uns weitere Kopien aus der Chronik des Hans Jürgen Merkle erbeten. Besser und ausführlicher hatte er die familiären Verbindungen der Familien Rizzi und Piaz beschrieben. Vor allem die Aufzeichnungen über Tita Piaz und seine Schwester Maria faszinierten mich. Außer in dieser Chronik kann man nichts Vergleichbares lesen, weil Merkle dessen Enkeltöchter befragte und zwischen seiner und der Piaz-Familie schon immer eine private Freundschaft bestand.

Piaz entstammte einfachen Verhältnissen. Er musste jedoch nicht, wie viele andere, schon mit zehn Jahren als Tagelöhner bei wohlhabenden Bauern in Südtirol dazuverdienen, sondern durfte auf die Schule gehen; mit Hilfe eines Stipendiums sogar auf eine höhere Schule nach Bozen, wo er Deutsch lernte. Im Jahr 1900 musste er zum Militär nach Trient und nach Wien. 1907 erbaut er mit seiner Schwester Maria das Hotel Col di Lana am Passo Pordoi. Im ersten Weltkrieg wird er als österreichischer Soldat (weil politisch unzuverlässig) in eine Strafkompanie an der Ostfront eingesetzt und später in Böhmen in einem Internierungslager festgehalten. Aber er kommt zurück und rackert weiter für den Tourismus und an seinem

Ruhm. Als unerbittlicher Mussolini-Gegner, der auch sein Maul nicht halten konnte, verliert er die Pacht der Vajolet-Hütte und gerät in Streitigkeiten mit den alpinen Gesellschaften. 1938 wird er am Col die Lana verhaftet und wegen Landesverrat zu sechs Monaten Haft verurteilt. Danach baut er das Albergo Piaz in Pera.

Tita und Maria

1944, gegen Kriegsende, wird Tita von den deutschen Besatzern verhaftet und erneut acht Monate eingesperrt. Danach wird er Verwaltungschef des Fassatals und treibt mit seinen Aktivitäten als Bergführer und Hotel- und Hüttenbesitzer den Tourismus weiter voran. Das Verhältnis mit seiner Schwester Maria, die später die Seilbahn auf den Passo Pordoi baut, sei nicht spannungsfrei gewesen, berichtet Merkle. Auch sie arbeitet unermüdlich, um sich aus Armut zu befreien. Die Ehe mit ihrem ersten Mann endet enttäuschend, aber die vier Kinder dieser Ehe bringt Maria alleine durch. Später heiratet sie noch einmal und gebiert weitere drei Kinder.

Einer ihrer bittersten Momente erlebt sie 1915, als sie von ihrem Bruder und Freunden gebeten wird, zwei ihr unbekannte Männer hoch zum Fedaiasee an der Marmolata zu führen. Man kann davon ausgehen, dass es Desserteure waren. Sie werden entdeckt und verhaftet. Maria verbringt fast drei Jahre in Haft, bis sie zu ihren Kindern zurückkehren kann und ohne zu Zögern ihre Aktivitäten als „Unternehmerin" wieder aufnimmt.

Wie ausgehungert hänge ich an diesen Chronik-Seiten. Und der Mann auf dem Bild im Flur kommt mir immer näher. Er sieht mich an, als habe er schon längst erwartet, dass ich komme und gefälligst meinen Job mache. Sein Lächeln ist nicht bittend, sondern drückt eine Arroganz aus, die nur mit starkem Selbstbewusstsein 70 Jahre überdauerte. Ich halte es langsam für Absicht, dass wir genau dieses Zimmer bekamen, wo ich ihm täglich mehrmals begegnen muss. Er schaut mich an, als wolle er mich zwingen, seinen Blick auszuhalten. Ich kann das.

Vis á vis unseres Hotels steht ein gusseiserne Plastik, aus der die Figur eines Radfahrers dreidimensional ragt. Fausto Coppi. Im Jahr 1949 gewann er die Tour de France. Schon zwischen 1947 und 1954 überquerte er beim Giro d'Italia den Pordoi-Pass immer als erster. Keinen Berg haben die Radprofis der Italien-Rundfahrt so häufig erklommen wie den Pordoi-Pass. Mehr als dreißig Mal führte die Strecke seit 1940 über den Kamm zwischen Fassa- und Buchenstein-Tal. Am Pordoi-Joch ließ Coppi alle alt aussehen, die versuchten, ihn einzuholen.

Überhaupt: die Radfahrer

Die paar Mountainbiker, die wir sehen, rasen wie Verrückte über die Hänge und Wülste, die sich seitlich der Serpentinen in die Täler schlängeln. Es sind wilde Trips, vergleichbar mit dem jährlichen Stadt-Rennen in Valparaiso, Chile, über Mauern und Häuser, nur dass man hier wesentlich weicher fällt, wenn man aus der Spur kommt. Aber viel auffallender und häufiger sind die Rennradler auf den Passstraßen. Kaum eine Kurve, nach der sich nicht ein neuer Pulk von Radlern hochquält. Ein paar Elektrobikes sehen wir zwar auch, erkennbar an der entspannten aufrechten Haltung der nicht immer superschlanken Radler. Aber das meiste sind Hochleistungssportler, die sich quälen und quälen.

Hinzu kommen Horden von Motorradfahrern, die sich besonders bergabwärts in die Kurven legen, dass man glaubt, dass sie die Straße mit dem Knie berühren und gleich auf die Seite rutschen. Aber so richtig gefährlich ist der Begegnungsverkehr in den Kehren vor allem dann, wenn Motorradfahrer Autos überholen müssen und nicht selten beide auch noch gleichzeitig ein paar Radfahrer. Gottvertrauen ist ja gut. Aber…. Wir haben jedenfalls keinen Unfall erlebt in diesen Tagen.

Zum Sellajoch

Wir fahren die engen Serpentinen auf das Sellajoch, 2.244 Meter hoch, auch hier eine Lieblingsstrecke für Motoradfahrer. Oben auf dem Pass fährt fast niemand durch, ohne anzuhalten und seinen Blick auf den majestätischen Langkofel (Sassolungo), 3.189 Meter, zu richten. An seiner rechten Flanke sieht man die

von Canazei kommende Seilbahn auf den Cola Rodela fahren. Bis Schlern und Rosengarten reicht der Blick. Und auch auf den Piz Boe. Was für ein Panorama. Ich frage mich, wie ich all die Jahrzehnte ohne diese Aussichten überleben konnte, ohne Sehnsucht zu entwickeln. Oder habe ich sie nur unterdrückt? Sie meldet sich jetzt, weil ich weiß, dass ich diese Bilder erst wieder zuhause auf den mitgebrachten Fotos sehen werde. Ja, ich hätte in diese Landschaft gepasst; auch zu den Menschen.

Irgendwie zieht es mich noch einmal auf die Spuren der Rizzi und des Tita Piaz in das Fassatal hinaus in Richtung Pozza und Vigo. Vor allem das Ladinische Museum in Vigo interessiert mich. Obwohl kurz vor Mittag – wir sehen erst später, dass es normalerweise zwischen 12.30 und 14.00 Uhr zumacht – werden wir eingelassen. Der moderne Bau gliedert sich in drei Stockwerke. Wir erhalten eine Schriftenmappe in Deutsch und werden aufmerksam gemacht, dass man bei den einzelnen Diaschauen auf die deutsche Sprache anclicken könne. Dieses Museum können wir nur wärmstens empfehlen. Freilich ist es ein Heimatmuseum; aber nicht wie die meisten. Es zeigt mit modernen Darstellungen, auch immer wieder als Power-Point-Präsentation oder mit alten Filmsequenzen, wie sich die Weidegründe nach Rückzug der Gletscher entwickelten, wie Menschen sesshaft wurden, wie sich Siedlungen auch in den Hochlagen der Berge entwickelten. Vor allem Land- und Viehwirtschaft, Garten- und Feldbau gestalteten sich in Schräglagen und knapper Erdkrume komplizierter und mühsamer als auf dem flachen Lande.

Die Höhlenbären

Und dann kommen wir an eine Präsentation über die Höhlen-Bären und erkennen einmal mehr die Bedeutung von Willy Costamolinges Fund (siehe Seite 61) Was wir bisher nur von seinen Erzählungen auf der Boe-Hütte hörten, ist hier mit Bildern und Animationen dargestellt. Faszinierend. Wir verlassen das Museum nicht ohne der Betreuerin ein beeindrucktes „Molto interessante" zuzuhauchen. Sie kann ein bisschen Deutsch. Und als wir ihr erzählen, dass wir ein Buch über unsere Reise schreiben wollen, schenkt sie uns die Abhandlung, die wir sonst für die nächsten deutschen Besucher hätten zurückgeben sollen.

Hunger. Wir richten unseren Weg nach Pozza, das heute zu Vigo gehört. Erst später lese ich, dass hier am Marktplatz ein aus Holz geschnitztes Denkmal für Tita Piaz steht. Aber vor lauter Not, einen Parkplatz zu finden, landen wir im Ortsteil Meida, immerhin an einem größeren Hotel mit Restaurant. Die Terrasse ist zwar eingedeckt, aber niemand sitzt hier. Wir zaudern, beruhigen uns aber damit, dass hier in den Bergen tagsüber alle unterwegs sind. Zaghaft betreten wir die Hotel-Lobby und fragen, ob wir hier essen könnten. Man führt uns eine schmale Treppe hinunter und wieder hinauf, da landen wir doch tatsächlich in einem Restaurant mit viel Holz und ohne Fenster. Zwei Paare sitzen an Einzeltischen. Sonst ist alles leer. Die italienische und englische Speisekarte zeigt, dass man nicht scharf auf deutsche Gäste ist. Auch die Bedienung antwortet englisch, nachdem wir sie fragen, ob sie deutsch spricht. Naja, muss ja nicht sein. Die Karte sieht edel aus; die Gerichte sind von der Art, wie man es im Deutschen in Schicki-Micki-Restaurants gewohnt ist. Ich bestelle eine Pasta, Bernhard wählt Ravioli mit Kaninchenragout. Zusammen mit einem gemischten Salat werden wir sogar satt. Der Vernatsch wird in edlen Gläsern serviert. Das restliche Mineralwasser fülle ich ungerührt vom Ambiente in unsere Trinkflasche um. Der Preis von über 50 Euro überrascht uns nicht. Es hat wenigstens geschmeckt.

Stop in Campitello

Die Kirche Santi Filippo und Giacomo ist die einzige im Tal, die einen Zinnen gekrönten Glockenturm besitzt. Ein Blitzeinschlag hatte 1852 den sonst üblichen Zwiebelturm zerstört; diese Krone soll eine eher zufällige Nachahmung im gotischen Stil sein. Neugierig waren wir auf das Handwerkermuseum unweit der Kirche. Aber da hatten wir wohl falsche Vorstellungen. Es scheint nicht das pittoreske

Haus zu sein, das sich so nennt, sondern lediglich ein außen angebrachter großer Schaukasten mit Arbeitsgeräten aus Großvaters Zeiten vom Tischler, Zimmerer, Schneider, Schuster und Schmied. Wir waren an jenem Tag aber nicht die Einzigen, die vergeblich einen Eingang suchten.

Wir fahren zurück nach Canazei und ich konstatiere, dass wir noch kein einziges Eis gegessen haben in dieser Woche. Da sind wir in Italien und umzingelt von Gelato. Wir finden sogar einen Parkplatz; vermutlich, weil es gerade zu regnen beginnt oder ist es mit 16.00 Uhr die Tageszeit, wo die müden Wanderer schon wieder im Hotel duschen? Wie immer bin ich bei Eis unersättlich und ordere für jeden von uns drei Kugeln auf einer Kekstüte. Weil es noch immer ziemlich warm ist, schmilzt das Eis schneller, als wir es abschlecken können.

Wir sind glücklich. Die Spurensuche dieser Woche war ergiebig, angenehm, interessant, erbaulich, gefühlsstark. Die alten Wunden schmerzen nicht. Sie kamen auch nicht überfallmäßig, sondern Tag für Tag lüftete sich eine neue Erinnerung an damals, vor 52 Jahren. Ich hätte mir nie vorgestellt, dass so viele Dinge noch in meinem Kopf stecken und unter meiner Haut kribbeln, sobald ich damit in Berührung komme.

Wieder zurück im Hotel fühle ich inständig, dass die Reise damit zu Ende gehen sollte. Jeder Blick auf Tita Piaz nimmt mich in die Verantwortung, mich mit ihm zu beschäftigen. Auch das Haus, der Speiseraum, die Bar und die Terrasse mit Blick auf den Langkofel fesseln mich auf eine Art, die mir zwar schmeichelt, die mir aber das Gefühl vermittelt, ich solle hier bleiben und hätte noch eine Aufgabe zu erfüllen. Tag für Tag fühle ich mich mehr vereinnahmt. Wir sprechen nicht von den Bergrettern, sondern nur noch von Lodovico und Angelo, von Matteo Scuola und Nadja an der Rezeption, als seien das alte Bekannte. Durch die Beschäftigung mit ihrer Chronik fühle ich mich als Insider, als Eindringling in ihre Familie, in eine Welt, in der ich nur ein vorrübergehender Besucher sein wollte. Und auch der Hund, den ich die ganzen Tage nur „Herr Bettvorleger" nannte, weil er meist wie flachgeklopft in der Nähe der Rezeption herumdöste, schickte mir stets einen mahnenden Blick, als hätte ich hier noch etwas zu erledigen.

Februar 2020

Ja, es gab tatsächlich noch etwas zu erledigen. Die Geschichte des Sturzes in die Gletscherspalte war nicht nur meine Geschichte, sondern auch die von den drei Menschen, die an jenem Nachmittag im September 1966 mit mir auf der Marmolata waren. Meinen Freund Heiner hatte ich vor etwa 30 Jahren einmal getroffen. Er hatte zu seinem Geburtstag eingeladen. Auch seine Mutter, die mich häufig im Krankenhaus besucht hatte, war da. Wir fielen uns in die Arme. Einen kurzen Augenblick war ich wieder die Ute von damals. Heiner und seine Frau sahen wortlos zu. Obwohl wir nur etwa zwölf Kilometer voneinander entfernt lebten, suchten wir danach nicht die Nähe. Bernhard, mein heutiger Mann, wusste noch zu wenig von der Geschichte auf der Marmolata. Auch ich hatte sie verdrängt. Aber dann, als ich Heiner das allererste Exemplar dieses Buches schickte, kam doch etwas Bewegung auf. Er schrieb mir einen langen Brief und erinnerte vor allem an das Paar, das mit uns unterwegs gewesen war. Arno und Marianne. Arno hatte er 1969 noch in Wiesbaden getroffen, bevor der ins Rheinland verzog. Ich war den beiden vier Tage vor dem Unfall erstmals begegnet. All die Jahre waren sie mir nicht bewusst geblieben. Dabei ist ihnen unmittelbar zu verdanken, dass wir leben.

Sie sahen aus nächster Nähe, wie wir in die Spalte segelten. Sie kannten die Stelle und alarmierten die Bergwacht. Doch wir hatten keine Adresse von ihnen. Vor Jahrzehnten, hieß es, sei Arno ins Rheinland verzogen. Düsseldorf eventuell. Übers Internet und die Telefonauskunft war er nicht zu finden. Er hatte keine Homepage und tauchte auch nicht über Google auf. Ob er noch lebte? Er müsste jetzt auch schon zwischen 70 und 80 Jahre alt sein. Ich hatte eine Idee und sah eine vage Chance. Ich schrieb an die Neue Ruhr Zeitung und erzählte unsere Geschichte von der Gletscherspalte. Und wirklich konnte ich einen Redakteur dafür interessieren, dass er die Gletscherstory schrieb und die Leser aufrief, nach den Rettern zu suchen. Es vergingen nur wenige Tage, als mich der Redakteur anrief. „Ich habe eben mit Arno telefoniert; er ist es, er konnte die ganze Geschichte bestätigen."

Ein Nachbar hatte ihm die Zeitung gereicht: „Du wirst gesucht!" Unfassbar für mich, telefonierten wir. Ich hatte so viele Fragen, wie das war, als wir vom Berg verschluckt, weg waren. Es war etwa 16 Uhr. Im September geht der Tag da schon zur Neige. Die beiden reagierten

so logisch, wie man es sich anders gar nicht
vorstellen kann. Marianne blieb an der Ab-
sturzstelle und Arno stieg den Gletscher hinunter zur Bergstation der Seilbahn. Dort gab es
Telefon und es konnten die Bergretter verständigt werden. Die wiederum mussten auch erst
zusammengerufen und mit der Seilbahn an den
Gletscherfuß gebracht werden.

Es waren zehn Mann, die sich auf den Weg zu
uns machten. Marianne, die auf dem Gletscher
wartete, muss sehr gefroren haben. Die Sonne
ging unter und sie hatte außer ihrer Kleidung
keinen Wärmeschutz. Unsere Ausrüstung damals bestand aus Kniebundhosen, maximal
einem Pullover über der Bluse und einen
Sommeranorak; die waren damals noch aus

einfacher Popeline. Hatte sie wenigstens Handschuhe und eine Mütze dabei? Unsere Wurstbrote hatten wir auf dem Gipfel verspeist, auch die einzige Flasche Bier schluckweise aufgeteilt. Sie hatte also vermutlich auch nichts zu Trinken in den zwei, drei Stunden. Wir können sie nicht mehr fragen. Marianne ist tot. Wie gerne hätte ich sie jetzt in die Arme genommen und ihr dankbar übers Gesicht gestreichelt.

Am 30. Januar 2020 treffen wir drei uns in Essen, wo Arno heute lebt. Ich bin aufgeregt, mit den beiden Gefährten nach 54 Jahren zusammen zu treffen. Meine Erinnerungen an Arno, meinen ehemaligen Freund und seine Frau sind sehr verblichen. Wir hatten dem Redakteur versprochen, dass er beim Wiedersehen dabei sein dürfte. Die Zeitung sollte ihre Story ha-

ben; denn nur durch ihre Hilfe konnten wir uns wiederfinden. Ein Fotograf bebildert die Happyend-Story. Er hat offensichtlich so seine Vorstellung für ein Bild. Also wir posieren für ihn mit einem mitgebrachten Seil, obwohl wir auf dem Gletscher kein Seil hatten. Wir fassen uns wie Bergkameraden an. Unsere Bewegungen sind trotzdem linkisch, weil wir ungeübt sind als Freunde.

Unsere Gespräche sind behutsam neugierig aber ohne historischen Wert. Arno und Marianne haben nach dem Unfall geheiratet. Es gibt zwei Kinder und Enkelkinder, in denen Marianne fortlebt. Sie fehlt mir an diesem Wiedersehen. Mein Mann und Heiners Frau lockern durch ihre Anwesenheit die Spannung auf. Wir essen alle Grünkohl und beteuern uns gegenseitig, wie krank oder fit wir seien. Seit jenem 25. September 1966 haben wir alle unser Leben gelebt. Und gut gelebt. Jeder für sich.

Literatur

DuMont , Kunst-Reiseführer, 1981

Ullstein, Halldór Laxness, Seelsorge am Gletscher, Roman aus Island, 1984

Schneekluth, Thomas Wharton, Der Klang des Schnees, Roman über einen Gletscherspalten-Unfall in Kanada, 1995

National Geographic, Abenteuer Dolomiten, 2014

Marco Polo, Dolomiten, 10. Auflage 2018
Hans Jürgen Merkle, unveröffentlichte Familien-
Chronik aus dem Fassatal, Rastede, 2018

https://www.dolomitisenzaconfini.eu/

Tita Piaz: Dolomiten – meine Freiheit

....wenn die einsame, müde Seele in Vergangenem
stöbert, sehe ich, wie im Ablauf der Jahre und mit
der Unabwendbarkeit des Schicksals allmählich die
Lichter erlöschen, bis am Ende nur noch die
strenge Wirklichkeit, die karge Nüchternheit des
Alltags übrigbleibt.

...so trostlos ist das Bild, dass mir das Herz
schwer wird und eine Sehnsucht aufsteigt nach
dem einzigen, was mir aus dem kläglichen Schiff-
bruch meiner Illusionen verblieben ist, aufsteigt
wie ein Gebet zum Tempel meiner Erinnerungen.

...Und wenn ich dann aus dieser unversiegbaren
Quelle schöpfe, jene fernen, hellen Stunden
nochmals durchlebe und die Schwingen meiner
Seele wieder fühle wie ein göttliches Geschenk,
neige ich mich vor der großen Gottheit und be-
kenne, dass die Ideale, die mich damals erfüllten,
nicht nur verführerische Trugbilder waren und
dass trotz allem in einem verborgenen, blühenden
Winkelchen meiner Seele etwas unschätzbar Köst-
liches erhalten blieb: der Duft der Erinnerungen,
die tröstlich und erleuchtend sind wie ein Gebet....

Weitere Bücher von den Autoren

Norderney im Winter - kein Fall von Toter Hose

Wenn die Weihnachtsbesucher wieder abgereist sind, beginnt auch für die Gäste bis Ostern eine reizvolle Zeit, in der sie mit den Insulanern näher zusammenrücken. Fast alles läuft weiter: Kur- und Badeeinrichtungen, Kino, Conversationshaus, etliche Museen und die meisten der typischen Inselrestaurants.

ISBN; 978-3-7392-4299-6, 7,99 €, E-Book 4,99 €

Toskana für Anfänger

Die Toskana ist riesig; daher wählten wir für unseren allerersten Besuch die populärsten Ziele. Zwei exzellente Stadtführerinnen, fütterten uns mit Anekdoten und geschichtlichen Hintergründen. Wir speisten überall vorzüglich. Und auch der Chianti, den wir mangels Wissen bis dahin geringschätzten, nimmt nun einen gewichtigen Teil dieses Buches ein. Wir kommen wieder.

ISBN: 978-3-7528-8029-8, 10,99 €, E-Book 5,49 €

Azoren – wundersame Inselwelt im Atlantik

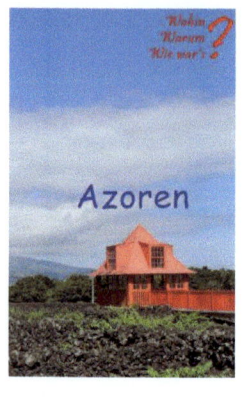

Der Archipel der neun Vulkan-Inseln ragt aus den Tiefen des Atlantiks. Wir besuchten die Hauptinsel São Miguel, Horta auf Faial und sehr ausführlich die Insel Pico samt Besteigung des 2.351 Meter hohen Pico, höchster Berg Portugals. Auswanderer-Freunde zeigten uns die reizvollsten Punkte.

ISBN: 978-3-7412-8040-5, 11,99 €, E-Book 4,99 €

Rom – Bernini, Borromini, Caravaggio und viele Skandale

Unterwegs mit einer Kunsthistorikerin erfasste uns die Leidenschaft nach den Kulissen der Antike und berühmter Filme, nach den von Rivalität und tiefem Hass gesteuerten Meisterwerken der Barockbaumeister und nach den Werken Caravaggios, dem wilden cholerischen Maler.

ISBN: 978-3-7448-5660-7, 12,99 €, E-Book 4,99 €

Patagonien – ein aufregendes Ende der Welt

Zwölf neugierige Menschen unterwegs mit SKR auf einer riesigen Distanz. Sie erlebten Buenos Aires, Ushuaia, den Beagle-Kanal, die Naturparks Feuerland und Torre del Paine, Puerto Natales, El Calafate und die Gletscher Gray und Perito Moreno, und auch noch Santiago de Chile und Valparaiso.

ISBN: 978-3-7431-8152-6, 11,99 €, E-Book 5,49 €

Island mit dem Schiff

Anstatt viele tausend Kilometer auf der unwirtlichen Insel mit dem Auto abzureiten, reist es sich bequem mit Schiff und Bus-und Zodiak-Ausflügen zu den berühmten Sehenswürdigkeiten. In zehn Tagen hat man das Wichtigste stressfrei erlebt und dabei gut geschlafen und exzellent gegessen

ISBN: 978-3-7460-3453-9, 12,99 €, E-Book 8,99 €

Zugspitze: Warten auf Panorama

Die Aussicht auf 400 Alpengipfel ist weder stündlich noch täglich möglich. Wir beschrieben erlebnisreiche Ausflüge rund um dieses grandiose Zeitfenster, dazu die Varianten, wie man trotz kaputter Seilbahn genussvoll den Gipfel von Deutschlands höchstem Berg erreicht.

ISBN: 978-3-7528-2329-5, 7,99 €, E-Book 4,99 €

Apulien – im Schlaraffenland des Stauferkaisers

Dieser anfängliche trend-tours-Alptraum endete mit viel Begeisterung für Städte, Landschaften und Kulinarik. Wir sahen Matera, Castel Monte, Alberobello, Lecce, Bari, Gallipoli, Martina Franca, Locotorondo, Otranto, Ostuni, Cisternino, die gigantische Castellana Grotte und auch noch Amalfi.

ISBN: 978-3-7528-3887-9, 11,99 €, E-Book 6,99 €

Marroko preiswert + gut

Ein Königreich für unseren Urlaub. Das klingt verlockend. Aber in einem arabisch-muslimischen Kulturraum ist es erleichternd, wenn unser Reisebericht Sie an die Hand nimmt, beim Besuch von Medinas, Souks und Moscheen und der vier Königs-städte Marrakesch, Fès, Meknes und Rabat. Wir reisten mit RSD.

ISBN: 978-3-7481-9206-0, 13,99 €, E-Book 8,99

Gardasee auf die Billigtour

Es gibt Reisen, über die kann man nur noch schmunzeln. Aber selber schuld, wenn man am Geld spart. Wenn das Essen gerade noch zum Fotografieren taugt und eine Reiseleiterin, zum auf den Mond schießen. Wir haben uns trotzdem amüsiert in Limone, Malcésine, auf der Halbinsel Sirmione und besonders in der Arena von Verona. Aber Trendtours-Angebote nie wieder mit uns.

ISBN 978-3-7392-4299-6, 6,99 € E-Book 3,49 €

Unbekanntes Mittel-Irland

Eine Reise Dublin zu den Aran-Inseln. gibt es in keinem Katalog. Ziele und Routen entsprangen Eckhard Ladner, ein schwäbischer Sozialwissenschaftler, der seit 35 Jahren in Irland lebt und für Gruppen den Busdriver und Reiseführer gibt. Die Route führt von Dublin nach Mullagh, Laughcrew zur Normannenburg Trim Castle, nach Tullamore und Athenry, zur Aran-Insel Inisheer, nach Graggaunowen, Galway, Loop Head nach Kilkenny.

ISBN 978-3-7481-9700-3, 11,99 €, E-Book 5,49 €

Schottland und Insel Skye

Das erste Mal Schottland –Highlands im Norden, viel Landschaft, viele Schafe, wenig Menschen. Neun plus Reiseleiter kehrten wir nach nur acht Tagen zurück mit lebhaften Geschichten und Bildern eines Schottlands aus rauer Zeit bis heute. Wir durchfuhren die Grampians, den Caledonia Canal. Hier wurde gemetzelt und gefeiert. An vielen Orten schauriges Gedenken an Bonnie Prince Charlie, James Bond, Harry Potter und anerkennend an Theodor Fontanes Schottland-Reise „Jenseits des Tweed".

ISBN. 978-3-7494-7878-1, 12,99 €, E-Book: 6,99 €